ネイティブ流
シンプル英語

日常・旅先・メール・SNS

ネイティブ
が使うのは

英語 たった 9助動詞!

デイビッド・セイン
David Thayne

こういう疑問を持ったこと、

ありませんか？

お願いするなら

Can ?
Could ?

「〜してもらえますか?」なのに、なぜ過去形?

"Would you ... ?"

ニュアンスは、どう違う?

Can you ... ?
Would you ... ?

must
have to
need to

どう使い分ける?

can と be able to、
_{どう違う?}
could と
was/were able to

ニュアンスは、違うの?

I'd like to と
I want to

will と　　　同じでOK?
be going to

will と 'll
同じ?

「9つの助動詞」で
表現力がレベルアップ！

　ネイティブは、助動詞を本当によく使います。

「ニュアンス」「状況」「気持ち」を
伝えるために不可欠だからです。

　たとえば、
I like coffee. だと、「私はコーヒーが好きです」という意味
になります。

　一方、would を加えて

I'd like coffee.

　とすると、「コーヒーをお願いします」という意味に（I'd は
I would の短縮形）。

　なぜ **would** が加わると、こういう意味になるのでしょう？

　「would って、will の過去形じゃなかったっけ？」
　と不思議に思う人も多いでしょう。たしかに、日本の学校
では「**would は will の過去形**」と習いましたね。それは間違い

ではありません。

　ただ、実際にネイティブが使っているのは、もっと幅広い意味・使い方なのです。

✅ 学校で習ったのは、「ほんの一部」

　残念ながら、私たちが学校で教わったのは、助動詞の意味・使い方のうちの「ほんの一部」です（学校が間違ったことを教えているわけではありません）。

　でも、がっかりしないでください。
　逆に言えば、will や would などの助動詞は、もうすでに目になじみがあるということです。読んだことも使ったこともある。
　これは大きなアドバンテージです。見たこともない単語より、ずっと親しみがあるからです。

　実際にネイティブが非常によく使う意味・言い方を、この本ではていねいにわかりやすく紹介・説明します。

　たとえば、「should ＝～すべき」と教わりましたね。
　もちろん、その意味でも使います。
　それに加えて、ネイティブは**「助言、推測、提案」**などで多用しています。

「（彼らは）もうすぐ着くと思うよ」は、

They should be here soon.

　学校で習った「should＝〜べき」しか知らないと、「彼らは間もなくここにいるべきだ」という不思議な意味になってしまうわけです。

✅ なぜ、過去の話じゃないのに過去形？

　ほかにも、日本人がつまずきやすいポイントが、

「なんで過去の話をしてるわけじゃないのに could とか would がよく出てくるの？」

というものです。

　たとえば、「そうかもね」なんて言うとき、ネイティブは、

That could be true.

と言います。
　「お願いごとがあるんですが」なら、

Could you do me a favor?

　どちらも、過去の話ではありません。

「couldには推測や丁寧な意味がある」と知っていれば、すんなりわかりますね。

　意外かもしれませんが、助動詞の過去形であるcouldやwould、might、shouldは、元の形であるcanやwill、may、shallよりも、日常会話で使う頻度は高いです。

　なぜかといえば、**推測や丁寧さ、可能性など、さまざまなニュアンスがあるから。**

　1単語でいろいろな意味になる「使い勝手の良い助動詞」を、ネイティブは多用しますが、残念なことにその「意味の多さ」が日本人にはむずかしく感じられてしまうのです。

　そこで、この本では、覚えるべきポイントのみに絞りました。

　ぜひ助動詞の使い勝手の良さをマスターしてください！

✅ そもそも、助動詞って？

　ところで、そもそも助動詞って何でしょう？

　「助＋動詞」ですから、文字通り「動詞を助けるため」の言葉です。

　どのように「助ける」のでしょう？

　明らかにするために、基本となる現在形の文と比較してみましょう。

I play the piano.　私はよくピアノを弾きます。

　ちなみに現在形は、学校ではあまり習わないかもしれませんが、基本的に「よく～する」という習慣のニュアンスを含んでいます。

canをプラスすると「可能な能力」

I can play the piano.

私はピアノを弾くことができます。

willで「意志」

I will play the piano.

私はピアノを弾きます。

mustは「必要・義務」

I must play the piano.

私はピアノを弾かねばならぬのだ。

mayで「可能性」

I may play the piano.

私はピアノを弾くかもしれない。

shallで「未来・意志」

I shall play the piano.

私はピアノを弾くであろう。

could で「仮定」と「過去に可能な能力」

I could play the piano.

私がピアノを弾くのもありだ。

私はピアノを弾くことができた。

would で「意志」と「過去の習慣」

I would play the piano.

私だったらピアノを弾くだろう。

私はよくピアノを弾いていた。

should で「必然」

I should play the piano.

私はピアノを弾いた方がいい。

might で「可能性」

I might play the piano.

私はピアノを弾くかもしれない。

　……となります。

　あくまでこれは一例ですが（助動詞にはさまざまな意味があるため、他の意味になる場合もあります）、助動詞をプラスすることで、ニュアンスが変わるのが分かりますよね？

　たった数文字の助動詞を入れるだけで、いろんな表現ができるようになるのです。

しかも、ネイティブがよく使う助動詞は、多くはありません。**「たった9つ」で、ほとんどの日常会話をやりくりできてしまう**のです。だから「9助動詞」を身につけてほしいのです。

☑ 応用範囲も広い！

　応用範囲が広いのも、助動詞の特徴です。

　たとえば助動詞＋ have ＋過去分詞にすれば、さらにバリエーションが増えます。
　疑問文にしたり主語を変えれば、無数の表現が可能になります。

　「動詞の意味にプラスアルファするもの」が助動詞なので、**助動詞を正しく使い分けられるようになると、微妙なニュアンスを伝えることができます。**

この本では、それぞれの助動詞の持つニュアンスの違い
を、例文とともに丁寧に説明しました。

　いま言いたい気持ちには、どの助動詞がふさわしいのか、
お読みいただいた後にはイメージできるようになっているは
ずです。
　そうなれば、こちらの言いたいことが、正しく伝わるよう
になります。自分の気持ちにふさわしい助動詞を使って表現
する楽しさに気づかれることでしょう。
　相手が伝えたいニュアンス、気持ちも、アバウトにではな
く、正確に受け取れるようになります。

　「9助動詞」、ぜひマスターしてください。

　　　　　　　　　　　　　　　　デイビッド・セイン

9 助動詞 一覧

can

能力を表す。
何でも可能にする力を
持っている

will

未来と強い気持ちを伝える。
やりたいことを
かなえてくれる

must

掟のように力強い言葉。
絶対にしなければいけない
「マスト」を表現

may

許可を表す。
できること、許されること
が広がる

shall

約束を伝える。
未来を予感し、約束や提案
を表す

could

可能性を表す。
試してみると、新しいこと
が広がる

※助動詞にはさまざまな意味があるため、
　上記は覚えやすくするための参考イメージです。

would

思いやりの言葉。
心を込めて、相手を大切に
するときに使おう

should

道徳の言葉。
正しいことを示し、
良いアイデアを伝えよう

might

未知の言葉。
試してみると、新しい可能性
が広がるかも

※助動詞にはさまざまな意味があるため、
　上記は覚えやすくするための参考イメージです。

Contents

Q1　canのある・ないでどう変わる？

Q2　Can I ...? はどんなニュアンス？

Q3　Can you ...? がNGな相手は？

Q4　You can ... はどんな時に便利？

[2]

will

未来と強い気持ちを伝える。

[3]
must

掟のように力強い言葉。

[4]
may

許可を表す。

[5] shall

約束を伝える。

[6] could

可能性を表す。

【7】 would

思いやりの言葉。

[8] should

道徳の言葉。

[9] might

未知の言葉。

ネイティブは「9助動詞」で こんなふうにやりとりしてる

カバーデザイン　喜來詩織（エントツ）
イラスト　　　　しゃもた

📖 この本の使い方

Part 1

☑ イメージ

その助動詞をひとことで言うとこういう感じ、という説明です（助動詞にはさまざまな意味があるため厳密に言えば他の意味になる場合もありますが、この本では代表的なイメージを紹介しています）。**❶**

☑ Question

助動詞について、生徒さんからよく寄せられる質問を厳選しました。読者の方が疑問に思ったこともあるかもしれませんね。**❷**

☑ Answer

Qに対する説明です。**❸**

☑ フレーズ例と解説

その助動詞の意味や使い方をイメージしやすい例文・和訳と解説です。**❹**

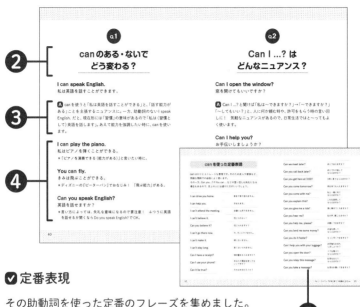

✅定番表現

その助動詞を使った定番のフレーズを集めました。
映画やドラマで見聞きした表現があるかも？
音読するとさらにイメージしやすくなります。**❺**

Part 2

「9助動詞」がランダムに登場する会話例
です。
ネイティブは実際に、こういう感じで
使っています。
ご自身が話しているシーンを想像しなが
ら読むと、助動詞のイメージをより深く
理解できるようになります。
ぜひ実践でも、こんなふうに使いこなし
てみてください。

TPOに合った「お願い」は、どれ？

人に何かをお願いするとき、失礼に当たるのは避けたいですね。

一方で、丁寧すぎたり、へりくだりすぎるのも良くありません。

気軽な言い方から超丁寧な言い方まで、だいたいのイメージとニュアンスをつかんでおきましょう！

厳密に丁寧さが決まっているわけではないので、
だいたいの目安と考えてください。
どれを使うかは、相手と状況により決めましょう。

Can you open the door?

ドアを開けられる？

【親しい人に】

Will you open the door, please?

ドアを開けてくれる？

【親しい人に】

Could you open the door (for me)?

ドアを開けていただけますか？

【丁寧なお願い】

Would you open the door (for me)?

ドアを開けてもらえますか？

【丁寧なお願い・命令】

Would you mind opening the door (for me)?

ドアを開けていただけますでしょうか？

【状況によっては丁寧すぎるお願い】

丁寧な言い方

可能性が高いのは、どれ？

「～かもしれない」という、曖昧（あいまい）な可能性を表現する時に、よく助動詞を使います。

しかし可能性といっても0%～100%まで、程度はさまざま。

ネイティブとの会話や、やりとりでは本当によく出てきます。覚えておくと、表現力がグンとアップしますよ！

> 使い方や状況にもよりますが、
> 可能性としてはcouldが一番低く、
> 順に might > may > should となります。
> 助動詞1つ変えるだけで、
> これだけさまざまなニュアンスを表せます。
> ぜひ使いこなしましょう！

It should start raining soon.

もうすぐ雨が降り始めるはずなのに (降っていない)。

【可能性が高かったのに、まだ降っていない時】

It may start raining soon.

もうすぐ雨が降り始めそうだ (たぶん降る)。

【雨が降る確率は高い】

It might start raining soon.

ひょっとしてもうすぐ雨が降り始めるかもしれない。

【可能性は低いが、couldよりは高い】

It could start raining soon.

もうすぐ雨が降り始めるかも。

【可能性はかなり低い】

助動詞ひとつでこんなに変わる！③

一番強い命令は、
どれ？

⋯⋯⋯⋯⋯⋯⋯⋯⋯⋯⋯⋯⋯⋯⋯⋯⋯⋯⋯⋯⋯⋯⋯⋯⋯⋯⋯⋯⋯

　「～すべきではない」とか「～する必要はない」と人に指示
する時も、言い方によって印象が変わります。
　やんわりとした指示からキツい命令まで、だいたいのイ
メージ順に並べたので、参考にしてください。

＊言い方や状況によってもニュアンスは変わります。

人にキツい言葉をうっかり投げかけ
ないよう、注意しましょう。

You don't need to leave your seat.

どうぞそのまま、席を離れる必要はありません。

【普通の言い方】

You don't have to leave.

離れる必要はありません（でもできれば離れてほしい）。

【業務連絡のような言い方】

You shouldn't leave your seat.

席を離れるべきではありません。　　　【やや厳しめな指示】

You can't leave your seat.

あなたは席を離れることはできません。　　　　【注意】

You may not leave your seat.

席を離れてはいけません。　　　　　【軽い禁止】

You must not leave your seat.

（絶対に）席を離れてはいけない。　　　　【禁止】

You'd better not leave your seat.

席を離れない方がいい。　　　　　【警告】

アドバイスするなら、どれ？

･･

　「～した方がいい」「～するべきだ」と人に何かを提案、指示する時も、丁寧なアドバイスから注意まで、助動詞でニュアンスを変えられます。

＊言う内容によっても、ニュアンスは変わります。

> 言い方により、受ける印象は大きく変わります。
> 気持ちに一番近い表現を選びましょう。

You might apologize to her.

彼女に謝ってみてはどうでしょう。　　　　【遠回しな提案】

You could apologize to her.

彼女に謝ったらどうかな。　　　　【やんわりとした提案】

Maybe you should apologize to her.

彼女に謝った方がいいよ（しないだろうけど）。　　【提案】

You need to apologize to her.

彼女に謝らないと。　　　　【忠告】

You ought to apologize to her.

彼女に謝るべきだ。　　　　【義務】

You have to apologize to her.

彼女に謝る必要がある。　　　　【注意】

**You had better apologize to her
(or I'm going to fire you)!**

彼女に謝罪した方がいい（そうしないとクビだ）！　【命令】

**You will apologize to her
(or I'm going to fire you)!**

彼女に謝罪しろ（さもないとクビだ）！　　　　【警告】

絶対的な命令

Part 1

ネイティブが
毎日使う
「9助動詞」

【1】

can

イメージ 能力を表す。
何でも可能にする力を持っている

① 能力

I can speak English.　私は英語を話すことができます。

「話す」「やる」など、技能を表す動詞にcanをつけると「～することができる」と、可能な能力を表します。「フランス料理を作ることができる」など、特技がある時に使えます。

ちなみに普通の文のI speak English. だと「私はふだん英語を話します」という習慣的なニュアンスになります。

② 許可

You can park here.　ここに駐車できます。

You can ... と相手に言えば「〜できるよ」「〜していいよ」と、何かを許可するフレーズに。

You can stay longer.「もっといていいよ」など、相手に何かをすすめる時にとてもよく使うフレーズです。ぜひ覚えて使ってください！

③ 注意・命令

You can't eat here.　ここで食べちゃダメ。

can + not (can't) は「〜できない」なので、目の前の相手に **You can't ...** と言えば「（あなたは）〜できません」→「〜しちゃダメ」と、何か注意・命令する時の言い回しに。

わりとキツい言い方なので、子供や友達など、身近な人にのみ使うのがオススメです。

④ 可能性・推測

It can't be true.　それが本当のはずはない。

否定文のcan'tには「〜のはずがない」という可能性・推測の意味があります。何かあり得ないことが起きたら、can'tを使って驚きましょう。

⑤ 依頼・許可

Can you open the window?　窓を開けてくれる？

Can you ...? と相手に聞けば「〜できる？」という気軽なお願いごとに。また **Can I ...?** なら、「〜してもいい？」と人から許可してもらう時のフレーズに。

どちらも仲間や家族に使う気軽な言い回しなので、目上の人には避けた方がいいでしょう。

canのある・ないで どう変わる？

I can speak English.
私は英語を話すことができます。

Ⓐ canを使うと「私は英語を話すことができる」と、「話す能力がある」ことを主張するニュアンスに。一方、助動詞のないI speak English. だと、現在形には「習慣」の意味があるので「私は（習慣として）英語を話します」。あえて能力を強調したい時に、canを使います。

I can play the piano.
私はピアノを弾くことができる。
＊「ピアノを演奏できる（能力がある）」と言いたい時に。

You can fly.
きみは飛ぶことができる。
＊ディズニーの『ピーターパン』でおなじみ！　「飛ぶ能力」がある。

Can you speak English?
英語を話せますか？
＊言い方によっては、失礼な意味になるので要注意！　ふつうに英語を話せるか聞くならDo you speak English? でOK。

Can I ...? は
どんなニュアンス？

Can I open the window?
窓を開けてもいいですか？

A Can I ...? と聞けば「私は〜できますか？」→「〜できますか？」「〜してもいい？」と、人に何か頼む時や、許可をもらう時の言い回しに！ 気軽なニュアンスがあるので、日常生活ではと〜ってもよく使います。

Can I help you?
お手伝いしましょうか？
＊接客でよく使うフレーズ。お店などでの声かけに。

Can I have a menu?
メニューをもらえますか？
＊レストランなどでメニューを見たい時に。

Can I borrow a pen?
ペンを借りてもいいですか？
＊何かを人に借りたい時は、Can I borrow ...?

Can you ...? が
NGな相手は？

Can you pass me the salt?
塩を渡してもらえる？

A Can you ...?と相手に聞けば「あなたは〜できますか？」→「〜
してくれますか？」「〜できる？」と、気軽に何かを依頼する時のフ
レーズに！　友達などにお願い事をする時は、この言い回しでOK
ですが、ちょっと軽い言い方なので目上の人には避けましょう。

Can you give me a hand?
手伝ってくれる？
＊give me a hand で「手を貸す」→「手伝う」

Can you come here?
こっちに来てくれる？
＊用があって相手に来てもらいたい時の一言。

Can you call me later?
あとで電話してくれる？

Q.4

You can ...は
どんな時に便利？

....

You can take a break.
休憩していいよ。
きゅうけい

A 目の前の相手にYou can ...と、主語をYouにして言えば、「（あなたは）〜できます」→「〜できるよ」「〜していいよ」と、許可を与える言い方に。上から目線で、相手に「これできるよ」「これやっていいんだよ」とオススメする時に便利です。

You can go first.
先に行っていいよ。
＊相手に順番をゆずる時などの決まり文句です。

You can have a piece.
一切れ食べていいですよ。
＊食べ物をオススメする時に。「食べてごらん」というニュアンスです。

You can take photos here.
ここで写真を撮ってもいいですよ。
＊You can ...は、観光案内やおもてなしのシーンでよく使います。

canで人に指示できる？

He can leave.
彼は出て行っていいです。

A YouやIだけでなく、もちろんいろいろな主語にcanは使えます！　人に何か指示する時に使うと、「〜できます」「〜していいです」と命令・許可する言い回しに。言い方で許可にも命令にもなりますから、臨機応変に使い分けましょう。

You can go now.
もう行ってもいい。
＊用事が終わり、相手に帰ってもいいと伝える時に。

You can use this desk.
この机を使ってもいいよ。
＊人に指示する時に。

You can enter the room.
部屋に入ってもいいです。
＊入室を許可する時に。

Q.6

canで「〜かも」を言える？

It can rain tomorrow.
あす、雨が降るかもしれない。

A 「可能性」のcanは、おもに未来のことを言う時に使います。この文は「あす雨が降ることができる（かもしれない）」→「あす雨が降る可能性がある」と考えると、イメージできますね？　ただし普通は同じ意味の、It might rain tomorrow. を使う方が多いです。

That tool can be dangerous.
この道具は危ないかもしれない。

＊can be dangerous で「危険になることができる（かもしれない）」
　→「危ないかもしれない」。

We can win the game.
我々は試合に勝つ可能性がある。

＊仲間を励ます時に。ただし「我々は試合に勝つことができる」という
　意味にもなります。

He can change his mind.
彼は考えを変える可能性がある。

＊change one's mind 「考えを変える」

Q.7

can'tのニュアンスは？

....

He can't speak English.
彼は英語が話せない。

A He doesn't speak English. なら「彼は英語を話さない」ですが、
He can't speak English. だと「彼は英語を話すことができない」→
「彼は英語が話せない」です。あえて能力的に「できない」と言いた
い時に、can'tを使いましょう。

I can't swim.
泳げない。
＊I can't ... は何か自分が「できない」ことを伝える時に。

We can't go today.
私たちは、今日は行けない。
＊can't は不可能なことを強調するニュアンスがあります。

He can't cook.
彼は料理ができない。
＊「（道具などがなくて）料理ができない」という意味にもなります。

「〜は禁止」を
can'tでどう言う？

They can't smoke inside.
中でたばこは吸えません。

A 「〜できませんよ」と何かを禁止する時に、便利な言葉がcan'tです。They can't ... は、具体的に誰かを指すのではなく、一般的に禁止されていることを伝える時の言い回しです。目の前の相手に何か禁止事項を伝える時は、You can't ... で「〜できません」というお断りに。もちろん、You以外のいろいろな主語に使えます。

You can't enter here.
ここには入れません。
＊立ち入り禁止の場所で。

We can't park here.
ここには駐車できません。
＊駐車禁止の場所で。

You can't take photos here.
ここで写真を撮ってはいけません。
＊撮影禁止の場所で。

can'tはどのくらい強い否定？

....

That can't be true!

そんなはずはありません！

A can'tには強い否定のニュアンスがあるので、使い方によっては「～のはずがない」という驚きを表すことも。大げさに That can't be true! と言えば、信じられないことが起きた時の驚きの言葉に。「あり得ない！」と同じようなイメージになります。

I can't believe it.

信じられない。

＊信じられないことが起きた時の決まり文句。

She can't be late.

彼女が遅れるはずがない。

＊彼女はふだん、遅刻しないんでしょうね！

I can't be the winner.

私が優勝したはずがない。

＊自分が勝ったことを信じられない時に興奮して使うフレーズ。

can't help ...ingが、
なぜ「〜せずにいられない」？

I can't help falling in love with you.
恋せずにいられない。

A can'tのあとにhelpが続くと、canは「避ける、やめさせる」という意味になるため、can't help ...ingで「〜することを避けることができない」→「〜せずにいられない」という意味になるんです！

I can't help crying.
泣かずにいられない。
＊どうしようもなく悲しい時に…。

I can't help laughing.
笑わずにいられない。
＊笑いをこらえられないような時に。

I can't help but laugh.
笑わずにはいられない。
＊ can't help but ... も「〜せずにいられない」となります。

can't ... too の意味は？

You can't be too careful.
注意してもしすぎることはない（念には念を）。

A 直訳だと「あなたは注意しすぎることはできない」ですが、これはつまり「注意してもしすぎることはない」→「よく注意しなさい」ということ。何かを「やりすぎてもOK！　それでちょうどいい」と言いたい時に使いましょう。

You can't study too hard.
どんなに勉強してもしすぎることはない。

＊真理ですが、こんなことは言われたくないですね～（汗）。

You can't be too diligent.
勤勉に越したことはない。

＊ diligent　「勤勉な、熱心な」

I can't thank you enough.
感謝してもしきれない。

＊ can't ... enough も「～してもしすぎることはない」になります。

be able to ... とどうちがう？

I'll be able to attend the meeting tomorrow.
あすは会議に出席できるでしょう。

A 意外と知らない人が多いですが、英語では**助動詞を2つ続けて使うことはできません！** そのため「～できるだろう」は、willのあとにbe able toを使います。また過去に「できた」ことを言う時は、canの過去形のcouldではなく、was/were able toを使います。

I'll be able to catch the train.
その電車に乗れるだろう。
＊未来に何かが「できる」時に。

I was able to attend the meeting.
私はその会議に出席できた。
＊過去に「できた」と言いたい時に。

You'll be able to exchange money at the airport.
空港で両替できます。
＊ You'll can とは使えないので、You'll be able to ... にします。

canを使った定番表現

canはわりとストレートな表現です。そのため友人や家族など、気軽な間柄での会話によく使います。

その一方、Can you ..?やYou can ...などの言い回しは失礼になる場合もあるので、目上の人には避けた方がいいでしょう。

I can drive you home.	家まで車で送れますよ。
I can help you.	手伝えます。
I can't attend the meeting.	会議に出席できません。
I can't believe it.	信じられない！
Can you believe it?	信じられますか？
I can't go there now.	今、そこに行けません。
I can't make it.	間に合いません。
I can't stay long.	長くはいられません。
Can I have a receipt?	領収書をもらえますか？
Can I use your phone?	あなたの電話を使ってもいいですか？
Can it be true?	それは本当だろうか？

Can we meet later?	あとで会えますか？
Can you call back later?	あとでかけ直して もらえますか？
Can you get here at 3:00?	3時に来てもらえますか？
Can you come tomorrow?	明日来てもらえますか？
Can you come with me?	私と一緒に来て もらえますか？
Can you explain this?	これを説明して もらえますか？
Can you give me a ride?	車に乗せてくれますか？
Can you hear me?	私の声、聞こえますか？
Can you help me, please?	お願いできますか？
Can you lend me some money?	お金を貸して もらえますか？
Can you do it faster?	もっと早くできますか？
Can I help you with your luggage?	お荷物をお持ち しましょうか？
Can you open the door?	ドアを開けて もらえますか？
Can you relay this message?	伝言を伝えて もらえますか？
Can you take a message?	伝言をお願いできますか？

Can you pass me the salt?	塩を渡してもらえますか？
Can you send me an email?	メールを送って もらえますか？
Can you speak English?	英語は話せますか？
Can you wait a moment?	少し待ってもらえますか？
Can you wait here?	ここで待って もらえますか？
Nobody can tell.	誰にもわかりはしない。
Who can tell?	誰がわかる？ （誰にもわからないよ）
Nothing can be done about it.	お手上げだ。
That can't be true.	そんなはずはない。
That can only be Bob at the door.	ドアにいるのはボブに 違いありません。
We can start now.	今から始められます。
We can't go wrong.	私たちが間違えることは ありません。
We can't leave yet.	まだ出発できません。
We can't take that risk.	そのリスクは取れません。
Who can that be?	あれは一体誰だ？

You can do it!	きみならできる！
You can go.	もう行っていい（もう用はない）。
You can pay me back later.	貸しでいいよ。
You can't treat me like a child.	私を子ども扱いしないで。
If you can't beat them, join them.	勝ち目がないなら、仲間になれ（長い物には巻かれろ）。
You can lead a horse to water, but you can't make it drink.	馬を水のところまで引いて行けるが、飲ませることはできない（やるかやらないかは本人次第だ）。
You can't buy happiness.	幸福はお金で買えない。
You can't change others; you can only change yourself.	他人は変えられない；自分だけを変えることができる。
You can't change the cards you're dealt, but you can change how you play the hand.	配られたカードは変えられないが、手をどのようにするかは変えられる。
You can't change the circumstances, but you can change your attitude.	状況を変えることはできないが、態度を変えることはできる。
You can't control the wind, but you can adjust your sails.	風をコントロールすることはできないが、帆を調整することはできる。
You can't change the past.	過去は変えられない。

You can't change the past, but you can change your future.	過去を変えることはできないが、未来を変えることはできる。
You can't go back and change the beginning, but you can start where you are and change the ending.	過去に戻って始まりを変えることはできないが、今いる場所から結末を変えることができる。
You can't change the world, but you can change yourself.	世界を変えることはできないが、自分を変えることはできる。
You can't control everything.	すべてをコントロールすることはできない。
You can't control others, but you can control yourself.	他人はコントロールできないが、自分はコントロールできる。
You can't have everything in life.	人生ですべてを持つことはできない。
You can't have it both ways.	両方を持つことはできない（二兎を追うものは一兎をも得ず）。
You can't have your cake and eat it too.	ケーキは食べたらなくなる（ケーキを食べたらケーキを持っていることはできない）。
You can't have your way all the time.	いつも自分の思う通りにはいかない。
You can't judge a book by its cover.	表紙から本は判断できない。
You can't live in the past.	過去に生きることはできない。
You can't make an omelet without breaking eggs.	卵を割らずにオムレツは作れない。

You can't make everyone happy.	すべての人を幸せには できない。
You can't please everyone.	すべての人を喜ばせること はできない。
You can't predict the future.	未来を予測することは できない。
You can't stop the waves, but you can learn to surf.	波を止めることはできない が、サーフィンを学ぶこと はできる。
You can't undo what's done, but you can make it right.	済んだことは取り消せない が、それを正すことはでき る。
You can't win them all.	すべてに勝つことは できない。
You simply can't miss this opportunity.	この機会を逃すわけには いきません。

【2】

will

 イメージ 未来と強い気持ちを伝える。
やりたいことをかなえてくれる

① 未来

It will snow tomorrow.　明日は雪が降るだろう。

will といえば、まず「未来」の意味で習いましたよね？
一般的に「〜するだろう」と言いたい時に使います。

② 意志

I will go to New York.　私はニューヨークに行くつもりです。

will には意志のニュアンスが強く含まれますから、I will ... と言えば「私は〜するつもりです！」という強い（未来の）意志を表すことに。決意表明の時などに使うと効果的です。

③ 'll と will

I'll go to the drugstore.　薬局に行ってくるよ。

I will go to the drugstore.　私は薬局に行くつもりだ。

「'll と will は同じ」と覚えている方も多いでしょうが、実は微妙に異なります。

'll はとっさに「（じゃあ）〜するね」というニュアンスなのに対し、will は「〜します」と意志を表すものに。

だから気軽に使う時は I'll ... 、決意新たに何かを発言する時は I will ... となります。

④ will と be going to ...

I will go to New York.　私はニューヨークに行きます。

I'm going to go to New York.　私はニューヨークに行く予定です。

will と be going to ... も同じと思っている方は多いはず。

実はこれもちょっとニュアンスが違い、be going to ... は「あらかじめ計画していたこと」を表すので「〜するつもりです」「〜する予定です」という意味に。

一方、I will ... だと②のように「〜するつもりです」という「（未来の）意志」を表すことに。

前々から計画的であれば be going to ... を、強く意志表明するなら will を使うといいでしょう。

will はどんな時よく使う？

It will rain in the afternoon.
午後、雨が降るでしょう。

A will は「〜だろう」「〜する」など未来のできごとを表す語で、フォーマルな予定や告知、取り決めなどを伝える時によく使います。later（後で）や、tomorrow（あす）といった、その出来事が起こる時を意味する副詞と一緒に使うことが多いです。

I will call you later.
後であなたに電話します。
＊業務上の予定を伝える時に。

We will meet at 3:00.
我々は3時に会います。
＊連絡事項を伝える時に。

Something good will happen.
何か良いことが起こるだろう。
＊フォーマルな文で未来を表す時に。

I will ...はどんなニュアンス？

I will do this report today.
私はこのレポートを今日やるつもりです。

A will には「〜するつもりである」という、意志のニュアンスが含まれます。そのため Will you ...?（〜しますか？）と聞かれ、I will. と答えれば「やります」と強い意志を表すことに。あえて「やります！」と意志を強調する時にオススメです。

I will climb Mt. Everest.
私はエベレストに登るつもりだ。
＊固い決意を表したい時に。

I will do it no matter what happens.
何が起きても私はやります。
＊ will を入れることで「やる」という意志が伝わります。

If you will forgive me, I will tell you the truth.
もしあなたが私を許してくれるなら、本当のことをお話しします。
＊ If ... , I will ... で「もし〜なら、〜します」。

Q.3

「推測の will」は、どう使う？

That will be Mike at the door.
ドアのところにいるのはマイクだろう。

A 日本語だと、未来と同じ「〜だろう」ですが、推測を表す時に will が使われることがあります。「あれは〜だろう」と何か耳にしたもの、目にしたものに対して言う時ってありますよね？　そんな時によく使うフレーズが、That will be ... です。

That will be the day.
そんなことがあったら、世も末だ。
*とんでもないことを聞いた時の決まり文句。

That will be Linda's car, I suppose.
あれはリンダの車だろう、たぶん。
*推測の場合、suppose などの曖昧な言葉と共に使うことが多いです。

That will be 100 dollars.
100 ドルになります。
*日本語の「1万円になります」と同じような表現が英語にもあります！

なぜwon'tで「不満」を表せる？

My son won't study.
息子は勉強をしようとしない。

A 自分以外の人や物に対してwon'tを使うと、「〜しようとしない」という意味になり、思い通りにならないイメージを伝えられます。これなどは、willに意志のニュアンスがあるからこその使い方です。ちょっと不満げな時に使うと、うまくニュアンスを出せますよ！

He won't apologize.
彼は謝ろうとしない。
＊素直でない人に。

Nancy won't listen to advice.
ナンシーは忠告を聞こうとしない。
＊頑固な人に使うことの多い言い回し。

My father won't wash the dishes.
父は皿洗いをしようとしない。
＊家事を手伝わない人にはこんな一言を。

Q.5

'll と will の違いは？

I'll go to the convenience store.
コンビニに行ってくるよ。

🅰 will の短縮形が'll だと習ったはずですが、実はちょっとニュアンスが違います。I'll ... は日本語の「〜するよ」に近い、カジュアルな言葉。ですからとっさに「〜するよ」「〜するね」と言うときは、I'll ... がオススメです！

I'll answer that.
私が出るね。
＊電話がかかってきて「自分が電話に出る」と言う時に。

I'll have a beer.
ビールにするよ。
＊居酒屋で「何を飲む？」なんて聞かれた時に。

We'll be alright.
私たちは大丈夫。
＊人から心配された時に。

Q.6

willとbe going to … は同じ？

....

I'm going to go to Kyoto tomorrow.
私は明日、京都に行く予定です。

A will が「もうすでに決まったこと」に対して使うのに対し、be going to … はあらかじめ計画していたことに使います。そのため「〜するつもりです」「〜する予定です」という意味になります。ちなみにこの文は、I'm going to Kyoto. と省略できます。

We're going to visit Shibuya this afternoon.
私たちは今日の午後、渋谷を訪問する予定です。
＊すでに計画を立てているような時に。

It's going to rain tomorrow.
明日は雨が降るらしい。
＊天気予報ですでに雨だとわかっているイメージ。

He's going to be back later.
彼はあとで戻る予定だ。
＊同僚の予定を聞かれた時などに。

Q.7

Will you ...? は
どういう時に使う？

....

Will you marry me?
私と結婚してくれますか？

A will には意志の意味があるので、Will you ...? と相手に聞けば
「〜してくれる？」と意志を確認したり、「〜する？」という声かけ
になります。ただし、失礼な言い方にも聞こえるので、普通このよ
うな場合は、Would you ...? を使うのが一般的です。

Will you open the door?
ドアを開けてくれる？
＊「〜してもらえる？」と気軽にお願いする時に。ただし Would you ...?
　の方が一般的。

Will you answer the phone?
電話に出てくれる？
＊電話に出てほしい時に。ただし Would you ...? の方が一般的。

Pass me the salt, will you?
塩を取ってね。
＊命令文のあとに , will you? をつけると「〜してね」というニュアンス
　に。ただし , would you ...? の方が一般的。

Will you ...? とAre you going to ...? は、同じ？

Are you going to the party tonight?
今夜はパーティーに行く予定？

A Will you ...?が相手の意志を確認したり誘ったりする時のフレーズなのに対し、Are you going to ...?は「〜する予定ですか？」「〜するつもりですか？」と、これからの予定を聞くフレーズに。Are you going to go ...?のgoは、省略されます。

Are you going to the meeting tomorrow?
あす会議に行くつもりですか？
＊会話では基本的に動詞のgoは省略されます。

Are you going to finish on time?
時間内に終わる予定？
＊仕事の進捗を確認する時に。

What are you going to do today?
今日は何をするつもり？
＊今日の予定を聞かれた時に。

I'llの前にI thinkや
Maybeがあると？

I think I'll pass.
やめておこうかな。

A I think I'll ... や Maybe I'll ... は「〜しようかな」と、曖昧なことを言う時に便利なフレーズです。こういうフレーズ、日本語でもよく日常会話で使いますよね？　友達同士で気軽に話す時に便利です。

Maybe I'll go, or maybe I won't.
行くかもしれないし、行かないかもしれない。
＊どっちつかずの曖昧なことを言う時に。

I think I'll have a cup of tea.
お茶でも飲もうかな。
＊ふとした思いつきを言う時に使います。

Maybe I'll try it.
やってみようかな。
＊「やります！」と断言できない時に。

能力や可能性も言える？

The engine won't start.
エンジンがかからない。

A 直訳だと「エンジンが動かない」ですが、これは「エンジンがかからない」と、何かが不可能なことを言うフレーズに。物が主語でwillを使うと「（物が）〜する」→「〜できる」と可能性や能力を表すことができます。

This airplane will hold about 500 passengers.
この飛行機は約500人の乗客を収容できます。
＊willのかわりにcanを使っても同じ意味になります。

This car won't go any faster.
この車はこれ以上速く走れない。
＊won'tのかわりにcan'tを使っても同じ意味に。

This battery will last longer than the others.
この電池は他のより長持ちする。
＊性能などを伝える際によく使う言い回し。

will で物の習性を表現できる？

Oil will float on water.
油は水に浮く。

A will は「〜するものである」と、物の習性や習慣などを表すこともできます。ことわざなどでよく見る格式ばった使い方で、この場合、短縮形の 'll ではなく、will が使われます。

If it can happen, it will happen.
起こる可能性があるものは、いつかは起こる。
＊ことわざや金言、決まり文句で使われます。

This water will boil at 100°C.
この水は100℃で沸騰する。
＊真理や原理を表現する時に。

Ice will melt at high temperatures.
氷は高温で溶ける。
＊ will なしでも同様の意味になりますが、will が入るとよりフォーマルな言い回しに。

will be ...ingは、どう使う？

The train will be arriving at 10:00.
電車は10時に到着します。

A 電車が到着する時のアナウンスでよく使うフレーズです。「電車は10時に到着するでしょう」→「電車は10時に到着します」と、未来に進行していると思われる動作を言う時は、will be ...ing形を使います。

I'll be waiting for you at 12:00.
12時にお待ちしております。
＊待ち合わせなどでよく使うフレーズ。

It will be snowing tomorrow when you get here.
あなたが明日ここに来る頃には、雪が降っているでしょう。
＊降雪が予想される時に。

Will it be raining at around 7 tomorrow?
明日の7時ごろは雨が降っていますか？
＊明日の天気を聞く時のフレーズ。

willを使った定番表現

willはほぼ「未来」と「意志」と思っていいでしょう。あとはその応用的なニュアンスです。willと'llのニュアンスの違いを使い分けられたら、あなたの英語力はネイティブ・レベルです！　格言などは、willではなく現在形でもよく使われます。

I will.	私がやります。
I will do it.	私がそれをやります。
I will do it, no matter what.	何があろうと、私はそれをやります。
It will rain tomorrow morning.	明日の朝は雨が降るだろう。
You will succeed.	あなたは成功します。
I will always love you.	いつもあなたを愛します。
You will pass the test.	あなたはテストに合格します。
It will get colder.	寒くなります。
Adaptability will overcome adversity.	適応力は逆境を克服する。
Ambition will drive progress.	野心は進歩を促す。
Change will bring growth.	変化は成長をもたらす。

Compassion will heal wounds.	思いやりが傷を癒す。
Compassion will mend hearts.	思いやりは心を癒す。
Confidence will lead to achievement.	自信は達成につながる。
Confidence will lead to success.	自信は成功につながる。
Courage will overcome fear.	勇気は恐れを克服する。
Curiosity will lead to discovery.	好奇心は発見につながる。
Determination will bring success.	決意は成功をもたらす。
Dreams will come true.	夢は実現する。
Faith will move mountains.	信念は山をも動かす。
Friendship will last a lifetime.	友情は一生続く。
Gratitude will bring abundance.	感謝は豊かさをもたらす。
Gratitude will enrich your life.	感謝はあなたの人生を豊かにする。
Hard work will pay off.	努力は報われる。
Patience will pay off.	忍耐は報われる。
Persistence will pay off.	根気は報われる。

He who wills, can.	意志ある者、道あり。
Honesty will build trust.	誠実は信頼を築く。
Hope will light the way forward.	希望は前進への道を照らす。
Hope will never die.	希望は決して消えない。
If you study hard, you will succeed.	一生懸命勉強すれば、成功するでしょう。
Innovation will shape the future.	革新は未来を形作る。
Kindness will change the world.	優しさは世界を変える。
Knowledge will empower you.	知識は力を与える。
Love will conquer all.	愛はすべてを克服する。
Love will find a way.	愛は方法を見つける。
One day, time will tell.	いつか、時が全てを解決します。
Perseverance will lead to victory.	忍耐は勝利に導く。
Silence will speak when words fail.	言葉が足りないとき、沈黙が語る。
Teamwork will lead to victory.	チームワークは勝利につながる。
Tomorrow will be a better day.	明日はもっと良い日になるだろう。

Tomorrow will bring new opportunities.	明日は新しいチャンスをもたらす。
Unity will create strength.	一体感は力を生み出す。
What will be, will be.	何があるかはそのうち明らかになる。
Willingness will bring positive change.	意欲はポジティブな変化をもたらす。
Willingness will open doors.	意欲は扉を開く。
Will power is the key to success.	意志力は成功の鍵。
Wisdom will lead to wise choices.	知恵は賢明な選択につながる。
Will you be needing anything else?	他に何か必要ですか？

【3】

must

 掟のように力強い言葉。
絶対にしなければいけない「マスト」を表現

① 確信

You must be busy.　忙しいですね。

日常会話でわりとよく使う must といえば、この「〜に違いない」という意味の must でしょう。たとえば噂で知っていた人に初めて会った時に **You must be Yamada-san.** と言えば、「あなたは山田さんに違いない」→「山田さんですね」となります。

② 必然

We must always be on time.
我々は常に時間を守らなければならない。

must というと「〜しなければいけない」と習った人が多いでしょうが、ネイティブの感覚からすると「〜せねばならぬ！」に近い、非常に強制力が強い言葉です。そのため実は、日常会話でそう頻繁に must は使いません。I must ... はまず使うことがなく、**We must ...** なら「我々は〜しなければならない」と自分たちへの戒(いまし)めのようになります。

③「確信」は must have +過去分詞で！

Bob must have forgotten the keys.
ボブは鍵を忘れたに違いない。

何か思い当たることがあって、「〜したに違いない」「〜したはずだ」と言うことってありますよね？　そんな時に使えるのが must have +過去分詞です。

④ must と have to ...

I must go to New York.
私は(自主的に)ニューヨークに行かなければならない。
I have to go to New York.
私は(強制的に)ニューヨークに行かなければならない。

must と have to ... は、意味的には同じですがニュアンスはやや異なります。must は自主的に「〜しなければならない」、have to ... は他から強制されて「(嫌々)〜しなければならない」です。

でも実際のところ、I must go to New York. を使うネイティブはまれで、**I have to ...** や **I need to ...** を使うケースがほとんどです。

何かを確信したら must?

You must be tired.
お疲れですね。

A must には「〜に違いない」「きっと〜だろう」という、強い推量の意味があります。そのため You must be tired. なら「あなたは疲れているに違いない」→「お疲れですね」と相手を思いやる言葉に。ネイティブが非常によく使う must といえば、これです！

You must be Sam White.
サム・ホワイトさんですね。
＊噂だけで知っていた初対面の人に会った時の一言。

You must know George.
ジョージはご存じですね。
＊「あなたはジョージを知っているに違いない」→「ジョージはご存じですね」

You must be a singer!
あなたは歌手ですね！
＊「歌が上手」というほめ言葉に。

mustは、
実はあまり使わない？

We must do what we say we will do.
我々はやると言ったことは必ずやらなければならない。

A mustは「〜しなければいけない」と習ったでしょうが、ネイティブ的には「〜せねばならない」に近い、かなり大げさな言葉。強く義務や必要性を伝える時に使う言葉で、実は日常会話でこれを使うのはかなりレアです。

We must follow the rules.
我々はルールに従わなければならぬ。
＊かなり強い言い方になります。

You must eat to live.
生きるためには食べなければならぬ。
＊相手に命令するようなニュアンス。

We must put safety first.
我々は安全を第一に考えなければならない。
＊使うとすると、このように絶対的な時くらいです。

must have ＋過去分詞は どういう意味？

We must have met each other before.
以前お会いしたに違いありません。

Ⓐ 何か思い当たるふしがあり、「（過去に）〜したに違いない」「〜したはずだ」と言いたい時に使えるフレーズです。何かを思い出した時、思いついた時などに使いましょう！

It must have been raining for weeks.
何週間も雨が降り続いていたに違いない。
＊雨が降り続いた惨状を見て。

She must have forgotten the keys.
彼女は鍵を忘れたに違いない。
＊鍵を忘れて、今もまだ見つかっていない時に。

He must have missed the train.
彼は電車を逃したに違いない。
＊電車に乗り損ねたと推測して。

mustと have to ...
は同じ？

....

I have to stop drinking.
私は（強制されて）飲酒をやめなければならない。

A have to ... は他から強制されて「（嫌々）〜しなければならない」
ですが、must は自主的に「〜しなければならない」。そのため上の
フレーズは「（他から強制されて、嫌々）飲酒をやめなければならな
い」というニュアンスに。

I have to go to work tomorrow.
明日は仕事に行かなければならない。
＊渋々行かなければいけないニュアンス。

You have to study hard.
よく勉強しなさい。
＊ You have to ... で「〜しなければいけませんよ」。

I have to get up early tomorrow.
明日は早起きしなければならない。
＊何らかの理由があって早起きする時に。

mustを使った定番表現

mustは中学でも習う助動詞ですが、実は日常会話ではそう頻繁に使いません。特にI must ... と言うのは「よほどの時」で、あとはWe must ...やYou must ...のように、警句として使われることが多いです。

I must never lose faith.	信仰を失ってはならない。
We must face our fears.	我々は恐怖に立ち向かわなければならない。
We must face the truth.	我々は真実と向き合わなければならない。
We must focus on the future.	我々は未来に集中しなければならない。
We must keep moving forward.	我々は前進し続けなければならない。
We must learn from experience.	我々は経験から学ばなければならない。
We must never give up.	我々は決してあきらめてはいけない。
We must never give up hope.	我々は決して希望を捨ててはならない。
We must never forget.	我々は決して忘れてはいけない。
We must seize every opportunity.	我々はあらゆるチャンスをつかまなければならない。
We must stay focused.	我々は集中しなければならない。

We must stay positive.	我々は前向きでなければ ならない。
We must stay true to our values.	我々は自分の価値観に 忠実でなければならない。
We must take responsibilities for ourselves.	我々は自分自身に責任を 持たなければならない。
We must work together.	我々は協力しなければ ならない。
You must adapt to change.	変化に適応しなければ ならない。
You must be careful.	慎重でなければならない。
You must do your best.	最善を尽くすべきだ。
You must face challenges head-on.	困難に立ち向かわなければ ならない。
You must follow the rules.	規則に従わなければ ならない。
You must have a plan.	計画を持たねばならない。
You must learn from your mistakes.	過ちから学ばなければ ならない。
You must never give in.	決して屈してはいけない。
You must seek knowledge.	知識を求めなければ ならない。
You must take the first step.	最初の一歩を踏み出さなけ ればならない。
Must is a hard master.	義務は厳しい師匠だ。

Where there's a must, there's a way.	義務のあるところに道がある。
Must is the mother of invention.	必要は発明の母。
Where there's a must, there's determination.	義務のあるところに決意がある。
Must drives us to achieve.	義務は私たちを目標達成に駆り立てる。

need to ... は、どう使う？

「このレポートを10時までに終わらせなきゃいけない」と言う時、あなたならどう言いますか？

I must finish this report by 10:00.
と多くの日本人は言いますが、これだと「私は10時までにレポートを終わらせねばならぬのだ」に近い、かなり大げさな表現になります。

こんな時、ネイティブは、

I need to finish this report by 10:00.
と言います。need to ... は「〜する必要がある」という意味で辞書などに紹介されていますが、ネイティブの感覚だと「〜しなきゃ」に近いニュアンスの言葉です。

客観的に「何かをする必要がある時」に使うため、ビジネスでは非常によく使います。

似た意味の表現にhave to ... があります。本文でもふれましたが、これは「(他から強制されて) 〜しなければならない」。

それに対し、mustは「(主観的に) 〜しなければならないのだ」というニュアンスです。

仕事などで何かをする必要がある時は、あえて嫌々感を出すならhave to...ですが、一般的には強制的な意味合いのないneed to ... を使うことが多いです。

【4】

may

イメージ

許可を表す。
できること、許されることが広がる

① 許可をもらう

May I come in?　（部屋に）入ってもよろしいでしょうか？
英検でおなじみのフレーズです。

May I ...? は「〜してもよろしいでしょうか？」と、人に許可をも
らう時の言い回し。目上の人に何かOKをもらう時に使います。
ただし、電話で May I speak to Ken? と言えば、「ケンと話せます
か？」→「ケンをお願いします」という決まり文句に。May I ...? を

使うのは、目上の人に許可をもらう時と、決まり文句の時くらいです。

② 許可する

You may come in. 入ってよろしい。

相手に対して **You may ...**（〜してよろしい）と言うと、先生が生徒に、親が子に言うような、上から目線で許可を与えるフレーズに。やや古い英語のため、通常はほぼ、**You can come in.** を使います。

③ may well で納得！

That may well be true. その通りかもしれない。

「〜するのも当然だよね」「〜するのもわかる」と納得したり、同意したりする時に使います。**This may well be our best plan.** なら「これが最善策かもしれない」です。

④ May ... で「願わくは〜ならんことを」

May the force be with you! フォースが共にあらんことを！

『スターウォーズ』のセリフでおなじみ。文の最初に **May** を置けば「願わくは〜とならんことを」という祈願や願望に。標語などでも見る使い方です。

⑤ may と might

It may rain tomorrow. / It might rain tomorrow.
明日は雨が降るかもしれない。

may の過去形が might ですが、「〜かもしれない」という意味で使う場合、アメリカ英語では may ではなく might を使うのが一般的。may の過去形として might を使うのは時制の一致のみですから、気をつけましょう！

mayは子供向け？

....

You may go home.
家に帰ってもよろしい。

Ⓐ 先生が生徒に、親が子に言うような、上から目線のフレーズです。mayには「〜してもよい」という意味があるため、相手にYou may ... と言うと「（あなたは）〜してもいいですよ」→「〜してもよろしい」と許可を出すようなフレーズになります。大人同士、友人同士ではまず使いませんから注意しましょう。

You may come in.
入ってもよろしい。
＊入室を許可する際に。

You may watch TV now.
もうテレビを観てもいいよ。
＊親が子に許可を出す時に。

You may play some games.
ゲームをしてもよろしい。
＊先生が生徒に許可する時などに。

May I ...? は
どんなニュアンス？

May I speak to Jane?
ジェーンをお願いします。

A 電話をかけて誰かを呼び出したいとき、一番最初に言うセリフがこれ！　May I ...?は「〜してもよろしいですか？」という丁寧な許可を求めるフレーズなので、「ジェーンと話してもよろしいですか？」→「ジェーンをお願いします」という電話の決まり文句に。へりくだってお願い事がある時に使うフレーズです。

May I ask who's calling?
どちら様ですか？
＊電話で相手の名前を聞く時の決まり文句。

May I have your name again?
もう一度お名前を伺えますか？
＊電話で名前を再確認する時の決まり文句。

May I have your number?
電話番号を教えていただけますか？
＊電話で相手の電話番号を聞く時の決まり文句。

「雨が降るかも」は
may? might?

It may rain tomorrow.
明日は雨が降るかもしれない。

A 学校で習うmayといえば、可能性の低さを表す「〜かもしれない」です。ただしアメリカ人はこのような時、mayではなくmightを使います。そのため「明日は雨が降るかもしれない」は、It might rain tomorrow. が一般的です。

It may be true.
それは本当かもしれない。
＊これもmightを使う方が一般的です。

She may know the answer.
彼女は答えを知っているかもしれない。
＊主語がSheやHeの時、助動詞の後の動詞は原形です。

He may be late.
彼は遅れるかもしれない。
＊待ち合わせに来ない人に。

Mayで始まる
名ゼリフといえば？

....

May the force be with you!
フォースが共にあらんことを。

A 日常会話ではそう使う表現ではありませんが、May the force be with you!は『スターウォーズ』の名ゼリフとして有名です！文の最初にMayを置けば「願わくは〜とならんことを」と祈願や願望、呪い（！）といった「かしこまった言葉」になります。

May you succeed.
成功しますように。
* May you ...（あなたが〜しますように）は宗教的な場でよく使われる表現。

May you be blessed.
祝福されますように。
*挨拶状などの言葉として。

May peace prevail on earth.
平和が世界に広がりますように。
*祈願文として。

mayを使った定番表現

日常会話ではそう使われる表現ではないのに、日本人がよく知っている助動詞と言えばmayかもしれません。「『～かもしれない』はmayではなくmight」と覚えておきましょう。

May I help you?	お手伝いしましょうか？
May I ask you a question?	質問しても よろしいですか？
May I ask who's calling?	どちら様ですか？
May I have your name again?	もう一度お名前を 伺えますか？
May I have your number?	電話番号を教えていただけ ますか？
May I have your order, please?	ご注文をお伺いします、 どうぞ。
May I leave a message?	メッセージを残しても よろしいですか？
May the best man win.	最良の者が勝つだろう。
May the force be with you.	フォースが共に あらんことを。
May the odds be ever in your favor.	運命がいつもあなたの味方 でありますように。
May the stars guide your way.	星々があなたの道を 導きますように。

May we meet again.	また会えることを願って。
May you always be blessed.	いつも祝福されますように。
May you always be surrounded by friends.	いつも友達に囲まれますように。
May you be guided by your dreams.	あなたの夢に導かれますように。
May you be surrounded by love and happiness.	愛と幸福に囲まれますように。
May you be surrounded by love.	愛に囲まれますように。
May you find beauty in the world.	世界の美しさを見つけますように。
May you find happiness.	幸せを見つけますように。
May you find joy in the little things.	小さなことに喜びを見つけますように。
May you find peace within.	内なる平和を見つけますように。
May you find serenity.	静けさを見つけますように。
May you find the strength to carry on.	継続する力を見つけますように。
May you find your purpose.	あなたの目的を見つけますように。
May you find your way.	あなたの道を見つけますように。

May he rest in peace.	安らかにお休みください。
May your days be filled with joy.	あなたの日々が喜びに満ちていますように。
May your days be as bright as the sun.	あなたの日々が太陽のように明るくなりますように。
May your days be filled with laughter.	あなたの日々が笑いに満ちていますように。
May your dreams take flight.	夢が実現しますように。
May your efforts bear fruit.	あなたの努力が実りをもたらしますように。
May your hopes and dreams never fade.	あなたの希望と夢が決して消えませんように。
May your journey be filled with discovery.	あなたの旅が発見に満ちていますように。
May your journey be filled with serendipity.	あなたの旅が思わぬ幸運に満ちていますように。
May your life be filled with love and laughter.	あなたの人生が愛と笑顔に満ちていますように。
May your path be filled with joy.	あなたの道が喜びに満ちていますように。
Circumstances may justify a lie.	うそも方便。
Dreams may come true.	夢は叶うかもしれない。
Love may be all you need.	愛が必要なすべてかもしれない。

Love may conquer all.	愛はすべてを克服するかもしれない。
Tomorrow may be a better day.	明日はもっと良い日になるかもしれない。
Tomorrow may never come.	明日は来ないかもしれない（後回しにしない方がいい）。
Where there's a will, there may be a way.	意志ある所に道はあるかもしれぬ。

Column ②

ネイティブはmay、must、shallを使わない？

　学校でmay、must、shallを習ったと思いますが、実は日常会話でそう使うものではありません。次にあげる決まり文句さえ覚えておけば、ほぼ大丈夫でしょう！

●mayの決まり文句と、より一般的な表現

➡の後の英文が、よりよく使う一般的な表現です（以下同）。

お名前を教えていただけますか？

May I have your name?

➡ **Could I have your name?**

もう一度言っていただけますか？

May I ask you to repeat that?

➡ **Would you mind repeating that?**

➡ **Could you repeat that?**

伝言を残してもよろしいですか？

May I leave a message?

➡ **Would it be okay if I left a message?**

➡ **Do you mind if I leave a message?**

➡ **Maybe I could leave a message?**

　日常会話でmayを使うのは、子供が大人に「～してもいいですか？」と許可をとる時くらいです。あとは電話などでの決まり文句になります。

●mustの決まり文句と、より一般的な表現

忙しそうですね。

You must be busy.　➡ **You look busy.**

高そうですね。

It must be expensive.　➡ **It looks expensive.**

ぜひ食べてみて！

You must try this!　➡ **You have to try this!**

　ネイティブはYou must ... と聞いたら、まず「〜しなければならない」ではなく、「〜に違いない」「〜ですね」という意味だと思います。ぜひこの意味で覚えてください。

●shallの決まり文句と、より一般的な表現

踊りましょうか？

Shall we dance?　➡ **Would you like to dance?**

やりましょうか？

Shall we?　➡ **Are you ready?**

どうすればいいでしょう？

What shall we do?　➡ **What should we do?**

　shallを使うのは、ほぼ契約書や法律文、聖書、あえて形式ばった表現にしたもののみです。意味がわかる程度で大丈夫です！

【5】

shall

 イメージ　約束を伝える。
未来を予感し、約束や提案を表す

① 未来のことをフォーマルに

I shall return.　戻って参ります。

shall には「〜だろう」「〜することになっている」という意味があ
りますが、使われているのは主に聖書や契約書、古い小説や映画
など。あえてフォーマルなイギリス英語で使われることもありま
すが、日常会話では決まり文句を除き、まず使いません。

「shallにはこういう使い方もあるんだな」程度に覚えておくといいでしょう。

② 相手の意向をたずねて

Shall we dance?　踊りましょうか？

Shall we ...?で「〜しましょうか？」と相手の意向をたずねつつ、何かを誘う言い回しになります。**Shall we dance?**は、ダンスに誘う時のフォーマルな声かけとしておなじみですよね？　ちょっと気取った言い方をしたい時に使いましょう。

③ 何かを申し出る時に

Shall I help you?　手伝いましょうか？

Shall I ...?は「〜しましょうか？」と何かを申し出る時に使うフレーズ。日常会話ではまず使いませんが、あえてフォーマルな言い方をする時に使うことがあります。

④ 疑問詞 + shall we ...?

What shall we do next?　次はどうしましょうか？

What（何）やWhen（いつ）などの疑問詞にshall we ...?を続ければ、「何が・いつ〜でしょうか？」と、形式ばって物事を確認する言い回しになります。

⑤ 契約書や規則などの文書で

This agreement shall be binding.
この合意は拘束力を有する。

契約書や法令文などのフォーマルな文書でshallが使われると「〜しなければならない」「〜すべきである」という堅い言葉に。
The terms shall not be revised.（この条件は変更されないものとする）などの表現は、契約書ではおなじみです。

わざと形式ばって
「〜でしょう」と言うなら？

I shall succeed this time.
今度は成功することでしょう。

Ⓐ 学校で助動詞の shall は習いますが、実は日常会話ではまず使うことのない言葉。未来のことを形式ばって言う時に使われます。とはいえ聖書や契約書、古い小説や映画には出てきますから、覚えておくといいでしょう。

I shall return.
私は戻って参ります。
＊あえて堅苦しく表現する時に使う言葉。

I shall never forget you.
あなたを決して忘れはしません。
＊あえて古めかしく言っているイメージ。

I shall be there for you.
あなたのそばにいます。
＊あえて古い表現を使うなら。

「〜しましょうか？」と
丁寧に聞くなら？

Shall we dance?
踊りましょうか？

A 一昔前に流行った映画のタイトルにもありましたが、Shall we ...? と人を誘うと「〜しましょうか？」「〜しませんか？」という丁寧なお誘いになります。かなりフォーマルな言い方なので、格式高い言葉使いがふさわしい場で使うのがいいでしょう。

Shall we go?
行きましょうか？

＊Shall we go to the movies? を、Shall we go? などと省略して言うことがあります。

Shall we?
それでは、やりますか？

＊何かに誘う時の省略表現。

What shall we eat?
何をいただきましょうか？

＊かしこまって言うような時に。

What や When に
shall we ...? を続けると？

When shall we go to dinner?
いつ夕食に行きましょうか？

A What（何）やWhen（いつ）といった語に続けて shall we ...? を続ければ「何が／いつ〜でしょうか？」と、形式ばって物事を確認・相談できます。古き良き映画に出てくるイメージです。

What shall we do?
どうしましょうか？
＊相談する時の決まり文句。

What shall we do next?
次はどうしましょうか？
＊進め方などを聞く時に。What shall we do?と同様ですが、最初にやったことがうまく行かない場合によく使います。

When shall we start?
いつ始めましょうか？
＊ When shall we ...?　「いつ〜しましょうか？」

契約書や規則で
shallが使われると？

The tenant shall pay rent on the first of each month.
テナントは毎月1日に家賃を支払わなければならない。

A 契約書や法令、指示文などでshallが使われると、「〜しなければならない」「〜すべきである」という堅いフォーマルな言葉に。shall notと否定文にした場合は「〜してはならない」という禁止に。

Employees shall not park here for more than 10 minutes.
従業員はここに10分以上駐車してはならない。

＊就業規則などにある文です。

The party shall provide all necessary documents within 30 days.
当事者は、30日以内にすべての必要な書類を提供しなければならない。

＊法令文でpartyは「（契約や訴訟などの）当事者、関係者」という意味に。

Contractors shall not use these lockers.
請負業者はこれらのロッカーを使用してはならない。

＊contractor 「契約者、請負業者」

shallを使った定番表現

shallは、現在あまり日常会話では使われません。
使うとしたら、古くから使われている決まり文句や契約書、法令
文書、聖書、あえて古めかしい表現にしたい場合などです。

As you sow, so you shall reap.	まいた種は刈らねばならない（身から出たさび／因果応報）。[聖書]
Ask and you shall receive.	求めよ、されば与えられん。[聖書]
Bake, so shall you eat.	パンを焼けば食べられる（努力は報われる）。
I shall be there for you.	私はあなたのそばにいます。
I shall never forget you.	あなたを決して忘れはしません。
I shall never forget your kindness.	あなたの親切は決して忘れません。
Shall I have him call you back?	こちら（彼）から電話させましょうか？
Shall we?	やりましょうか？
Shall we go?	行きましょうか？
This too shall pass.	このつらさもいつかは終わる（良いことも悪いことも永遠には続かない／暑さ寒さも彼岸まで）。[聖書]

The truth shall set you free.	真実はあなたを自由の身に する。[聖書]
What shall I bring?	何を持っていけば いいですか？

【6】

could

イメージ　可能性を表す。
試してみると、新しいことが広がる

①「ドアを開けることができた」はどっち？

A: I could open the door.

B: I was able to open the door.

「couldはcanの過去形」と習ったでしょうが、実はcouldを「できた」の意味で使うのは、否定文や感覚動詞と一緒の時、習慣的な意味の時だけ。それ以外は、was/were able to ... を使います。そのため正解はB！　Aは「ドアを開けるという手もある（ドアを開けることも可能だ）」という提案のニュアンスになります。

② couldを「できた」の意味で使うのは、主にこの時！

【否定文】

- I couldn't open the door.

  ドアを開けることができなかった。

【感覚動詞と一緒の時】

- I could hear the music from the next room.

  隣の部屋から音楽が聞こえた。

【過去に可能だった能力を表す時】

- I could speak English when I was a child.

  子供の頃、私は英語が話せた。

実際にcouldを「できた」の意味で使うのは、この3つのケースくらいです。あとは仮定法などになります。

③ couldは仮定法になることが多い

I wish I could speak English.

英語が話せたらいいのにな。

She could have missed the train.

彼女は電車に乗り遅れたかもしれない。

couldは「〜できたら」「〜かもしれない」という仮定法の意味になることが多いです。この仮定法と区別するために、「できた」の時はwas/were able to ... を使います。

④ 丁寧に何かを頼むなら

Could you open the door?　ドアを開けていただけますか？

日常会話で一番よく使うcouldといえば、丁寧に何かを頼む時の**Could you ...?**でしょう。**Can you ...?**は「〜できる？」に近い気軽な言い方ですが、**Could you ...?**なら「〜していただけますか？」という丁寧なお願いに。人にものを頼む時は、**Could you ...?**を使えば間違いありません。

丁寧にお願いするなら？ ①

Could you do me a favor?
お願いがあるんですが。

A 人に丁寧に何かを頼む時はCould you ...?を使うのがお約束！日本語の「〜していただけますか？」「〜してもらえますか？」に似たニュアンスなので、こう言われたら誰でも嫌な気持ちにはなりません。例題は、あらためて頼みごとがある時の定番表現です。

Could you come and see me tomorrow?
明日、いらしていただけますか？
＊come and see me で「会いに来る」。

Could you help me with something?
ちょっと手伝ってもらえますか？
＊help with 「手伝う」

Could you give me the time?
時間を教えてもらえますか？
＊give me the time 「時間を教える」

Q.2

丁寧にお願いするなら？ ②

Could I have some coffee, please?
コーヒーをいただけますか？

A Could I ...?と人に言えば「〜してもいいでしょうか？」という
丁寧なお願いに。許可をもらう時、お願いごとをする時に使い、
Can I ...?が「〜できる？」という仲間向けの言い方なのに対し、と
ても礼儀正しいフレーズになります。

Could I ask you a question?
質問させていただいてもよろしいですか？
＊へりくだって質問する時。

Could I be excused?
ちょっと失礼していいでしょうか？
＊中座する時の決まり文句。

Could I have a receipt?
領収書をいただけますか？
＊レジなどで領収書をもらいたい時に。

過去の文では、
canでなくcould?

He thought he could climb to the top of the mountain.

彼は山の頂上まで登ることができると思った。

A 英語の文は時間をそろえる必要があります（時制の一致という
ルール）。そのため過去形の文に続く文の中で「〜できる」と言う時
は、canではなくcouldに。この文だと、最初の動詞がthoughtと過
去形なので、後に続く助動詞はcouldと過去形になります。

She said she could tell me the good news soon.

彼女は、すぐに良い知らせを教えられると言った。

＊良い知らせがある時に。

I knew I could finish the project on time.

私は予定通りにプロジェクトを終わらせることができるとわ
かっていた。

＊I knew I could ... 「〜できるとわかっていた」

You told me you could do it.

あなたはそれができると言った（でも、できなかった）。

＊相手を責めるニュアンスがあります。

現実と違う時は、could?

If I could go, I would.

行くことができたら、行きたいんだけど（現実は行けそうにない）。

A 「(もし)〜できたら」と現在の事実と反対のことを言う時、または何か願望を伝える時にcouldを使います。これは「現実とは違うんだけど」と仮定の話だとわかるよう、わざと過去形のcouldを使うのだと覚えておきましょう！

If I could do anything, I'd travel around the world.

何でもできるとしたら、世界中を旅したい。

＊「現実的には無理だけど、可能なら」というニュアンス。

If you could fly like a bird, where would you go?

鳥のように飛べるとしたら、どこへ行きたい？

＊ If you could ... で「もし〜なら」。

I wish I could help you.

お手伝いできればよかったんですが。

＊実際には手伝えなかった時に。

「できた」の意味で使うのは、
どんな時？

I could hear a bird singing.
鳥の声を聞くことができた。

A couldを「できた」の意味で使うのは、否定文と、feelやhearなどの感覚動詞と一緒の時、また習慣的な意味の時だけ。それ以外は、was/were able toを使います。なぜかと言えば、couldを使うと仮定の話と誤解されるから！　こういうのは感覚的に覚えてしまいましょう。

You could see the fear in her face.
彼女の顔には恐怖が見て取れた。
＊動詞がseeなのでcouldが使えます。

He could smell the fresh flowers in the garden.
彼は庭の新鮮な花の香りをかぐことができた。
＊smellも感覚動詞なのでcouldが使えます。

Ted could taste the cinnamon flavor in the cookies.
テッドはクッキーのシナモン風味を味わった。
＊tasteも感覚動詞です。

Q.6

was able toと、どう違う？

....

I was able to finish my homework on time.
私は宿題を時間通りに終えることができた。

A 「〜することができた」と「過去にできたこと」は、couldではなく was/were able toを使う方が多いです。なぜかといえば、ネイティブはcouldを仮定の意味でよく使うので、混同されるのを避けるため。普通の「過去1回限りできたこと」は、was/were able toを使います。

She was able to find her keys.
彼女は鍵を見つけることができた。
＊鍵をなくしたのは過去1回の話になるので。

We were able to book a table at the restaurant.
私たちはレストランでテーブルを予約することができた。
＊主語がWeの時、動詞はwereです。

I was able to catch the bus.
バスに間に合いました。
＊動詞がcatchなのでwas able toを使います。

could have + 過去分詞は どんなニュアンス？

You could have missed the train.
電車に乗り遅れるところだった（実際は乗れた）。

A could have + 過去分詞で、「〜できたのに（しなかった）」「〜したいくらいだった（でもしなかった）」という「事実とは違うこと」を言えます！　couldには仮定の意味があるので、思い通りにいかなかったことや残念なことを言う時によく使います。

You could have told me!
言ってくれればよかったのに（どうして言ってくれなかったの）！
＊相手を責めるニュアンスに。

You could have helped me.
助けてくれてもよかったのに（助けてくれなかった）。
＊恨み言を言う時に。

I could have been a millionaire.
私は億万長者になれたんだけど（ならなかった）。
＊後悔のニュアンスが出ていますね？

「〜かも」は、どう言える？

Could be.
そうかもね。

A 元は It could be so. → That could be true. の短縮形で、「それはそうかもしれない」→「そうかもね」と曖昧（あいまい）な返事をする時の決まり文句。could be で「〜かもしれない」と、可能性がなきにしもあらずのことを表現できます！

I could be better.
今ひとつかも。

* 「私は（本当なら）もっと良くできた」→「（だから）今ひとつかも」となります。

It could be tomorrow.
それは明日になる可能性がある。

* 「〜かも」と曖昧に言いたい時は、It could be のあとに「〜」に該当する単語を続ければ OK！

There could be trouble.
トラブルかもしれない。

* 電車が急に止まった時など。

提案、アドバイス、お誘いの言い方は？

You could be more careful.
もっと注意深くしたらどうですか。

A 人に対して「（しようと思えば）～できるのに」「～したらどうですか」といった提案や助言が、couldでできます！　これはcouldに可能性の意味があるからで、ちょっとした軽いお誘いやアドバイスに使えます。

You could go to the concert tomorrow.
明日コンサートに行きませんか。
＊「～しませんか」といった誘い文句にもなります。

We could play tennis on Sunday.
日曜はテニスをするのがいいかも。
＊軽いニュアンスの誘い言葉になります。

You could become a professional dancer.
プロのダンサーになったらどうですか。
＊ちょっとしたほめ言葉にも使えます。

ネイティブっぽい 「couldn't＋動詞の原形＋ 形容詞の比較級」って？

Nothing could be better.
言うことないね。

A 直訳は「もっと良いものは何もない」ですが、そこから発想を広げて「これ以上のものはない」→「言うことない」「最高だ」という究極のほめ言葉になります。ポイントは「発想を広げること」。いかにもネイティブっぽい言い方で、決まり文句としてよく使います。

I couldn't be better.
絶好調だ。
＊「私はこれ以上良くならない」→「絶好調だ」と考えましょう。

I couldn't care less.
どうでもいいよ。
＊「これ以上気にすることはない」→「どうでもいい」

I couldn't have been more wrong.
とんでもない間違いをした。
＊「これ以上悪くはならない」→「とんでもない間違いをした」

couldを使った定番表現

I could do it if I tried.	やればできるだろう。
I could never forget you.	あなたを忘れられない。
I could really go for a cup of coffee.	コーヒーが すごく飲みたい。
I could really use a break.	本当に休憩が必要だ。
I could use some advice.	多少アドバイスができる かもしれません。
I could use some peace and quiet.	平和で静かに過ごすことが できた。
I could eat a horse, I'm so hungry.	お腹が空いて馬一匹でも食 べられそうだ（お腹と背中 がくっつきそうなくらい腹 ぺこだ）。
I could not believe my eyes.	目を疑った。
I could not have done it without you.	あなたがいなければ できなかった。
I could see myself living here.	ここに住む自分が 想像できる。
I could tell you were upset.	あなたが動揺しているのが 分かった。
It could be worse.	さらに悪いことになるかも しれない。

Could I ask you a favor?	お願いしてもいいですか？
Could I have a glass of water?	水を一杯いただけますか？
Could this be any more perfect?	これ以上完璧になることがありますか？
Could we discuss this later?	これについて後で話し合えますか？
Could you explain it to me?	説明してもらえますか？
Could you keep an eye on my bag?	私のバッグを見ていてもらえますか？
Could you keep it down?	少し静かにしてもらえますか？
Could you give me a hand?	手を貸していただけますか？
Could you hold on a moment?	ちょっと待っていただけますか？
Could you let me know when it's ready?	準備ができたら教えていただけますか？
Could you pass me the menu?	メニューを取っていただけますか？
Could you pass the message along?	そのメッセージを伝えていただけますか？
Could you please help me?	お手伝いいただけますか？
Could you please make it stop?	それを止めていただけますか？
Could you repeat that, please?	もう一度言っていただけますか？

Could you spare me a moment?	少し時間を取って いただけますか？
I wish I could be there.	そこにいることができたら と思う。
I wish I could find a solution.	解決策を見つけられれば いいのに。
I wish I could have a day off.	休みが取れればいいのに。
I wish I could help you more.	もっとお手伝いできれば いいのですが。
I wish I could make it to your event.	あなたのイベントに 行けたらいいのに。
I wish I could start over.	最初からやり直せれば いいのに。
I wish I could take a break.	休憩が取れればいいのに。
I wish I could turn back time.	時間を巻き戻せたら いいのに。
If I could change the world ...	もし世界を 変えられるなら…
If I could go back in time ...	もし過去に戻れるなら…
If I could turn back time, I would do it all over again.	もし時間を巻き戻せるなら、 もう一度やり直すだろう。
If I could, I would travel the world.	もしできるなら、 世界を旅したい。
If I could, I would.	もしできるなら、 やるだろう。
If only I could do it.	私にできることなら （うれしい）。

If only I could find the answer.	答えが見つかればいいのに。
If only I could see you again.	もう一度あなたに会えたらいいのに。
That could work.	それはうまくいくかもしれない。
This could be a problem.	これは問題になるかもしれない。
This could take a while.	これには時間がかかるかもしれない。
We could go around in circles all day.	一日中ぐるぐる回っても進まないかもしれない。
You could have fooled me!	だまされたと思ったよ！
You could have heard a pin drop.	針が落ちる音さえ聞こえるほど静かだった。
You could have told me earlier.	もっと早く教えてくれたらよかったのに。
You could say that again.	まったく、その通りだ。

【7】

would

 思いやりの言葉。
心を込めて、相手を大切にするときに使おう

① I'd like ... で上品にオーダー！

I'd like coffee.　コーヒーをお願いします。

I'd like to have a coffee.　コーヒーをいただきたいです。

I'd は I would の短縮形。I'd like ＋モノで「〜がほしい」、I'd like to ... で「〜をしたいです」といった丁寧な要望に。ストレートに I like (to) ... や I want ... と言うより丁寧で、レストランでの注文で使うと、ちょっと上品ぶった感じに。

② 頼みごとは Would you ...? で

Would you open the door?　ドアを開けていただけますか？

Will you ...? は「〜するつもりはありますか？」に近い、ややストレートな聞き方ですが、Would you ...? なら「〜していただけますか？」というお願いに。

Could you ...? が誰にでも使える丁寧な依頼なのに対し、Would you ...? には個人的に頼みごとをするようなニュアンスがあります。

③ Would you like (to) ...? で誘ってみよう

Would you like some coffee?
コーヒーはいかがですか？
Would you like to play tennis?
テニスはどうですか？

Would you like ＋ モノ? で「〜はいかがですか？」、Would you like to ...? で「〜するのはいかがですか？」と相手の要望を聞く時のフレーズになります。ちょっとしたお誘いやオススメに便利です！

④ Would you mind ...ing? も使いこなそう！

Would you mind opening the door?
ドアを開けていただけませんか？

mind には「気にする」という意味があるので、Would you mind ...ing? で「〜したら気にしますか？」→「〜していただけませんか？」となります。へりくだって何かをお願いする時によく使うフレーズです。

⑤ 思い出話をする時に

I would often go swimming.　昔はよく泳ぎに行ったものだ。

would には「よく〜したものだ」という意味があり、思い出話で昔の習慣を話したりする時に使います。

Will you ...? とニュアンスは
どう違う？

Would you close the door?
ドアを閉めてもらえますか？

A Would you ...?で「〜していただけますか？」という丁寧なお願いになります。Will you ...?は「〜してくれますか？」という、ややストレートなお願いですが、Would you ...?なら謙虚な依頼に。
人に頼みごとをする時は、Would you ...?がオススメです。

Would you turn on the lights?
明かりをつけてもらえますか？
＊オフィスで使うならこれ！

Would you pass me the salt?
塩を取ってもらえますか？
＊食事の席で遠くにある塩を取ってもらう時に。

Would you please help me?
お手伝いいただけますか？
＊pleaseをつけるとさらに丁寧ですが、アメリカ人には嫌味に聞こえる可能性も。

I'd like to ...と
I want toの使い分けは？

I'd like to order a pizza.
ピザを注文したいのですが。

A 「〜したいのですが」といった丁寧なお願いごとは、I'd like to ...で！　I want to ...やI like to ...でも「やりたいこと・ほしいもの」は表現できますが、これらはかなりストレートな言葉。I'd like to ...なら謙虚なニュアンスがあります。

I'd like to make a reservation.
予約したいのですが。
＊ホテルなどを予約する時に。

I'd like to have a donut.
ドーナツが欲しいのですが。
＊I'd like to have ...で注文できます！

I'd like coffee.
コーヒーをお願いします。
＊前の例文を短くして、I'd like + 名詞で「〜をください」。

Would you like to ...? は なぜ映画・ドラマで よく出てくる？

Would you like to watch a movie?
映画はどうですか？

🅰 Would you like to ...?で「〜したいですか？」→「〜しませんか？」「〜はいかがですか？」という丁寧な誘い文句に。Would you like＋名詞？なら「〜はいかがですか？」と何かモノをすすめる時のフレーズに。人を誘ったりオススメする時には、ぜひこれを！

Would you like some tea?
お茶はいかがですか？
＊飲み物や食べ物をすすめる時に。

Would you like to play tennis?
テニスはどうですか？
＊相手の意向を聞くニュアンスになります。

Would you like a glass of water?
水を一杯いかがですか？
＊慌てている人、汗をかいている人に。

「昔の習慣」、
どんなふうに言える？

I would often go fishing.
（昔は）よく釣りに行ったものだ。

A would には「よく〜したものだ」という意味があり、かつてよくやっていたことを言う時に使います。過去の習慣やルーティンなど、昔を懐かしむような時、思い出話をする時にぜひ！

I would go skiing every winter.
毎年、冬はスキーに行っていたものだ。

＊「また毎年スキーに行きたいものだ」という意味にもなります。

My father would always take a walk in the evening.
父はいつも夕方、散歩に行っていた。

＊ would always で「いつもよく〜していた」。

She would always read a book before going to bed.
彼女は寝る前に本を読む習慣があった。

＊習慣や過去のルーティンを伝える時に！

Would you mind ...ing? は、どのくらい丁寧？

....

Would you mind waiting a moment?

少し待ってもらえますか？

 mind には「〜を嫌だと思う」という意味があるので、Would you mind ...ing? で「あなたは〜するのは嫌ですか？」→「〜していただけませんか？」という丁寧なお願いになります。かなり気を使った言い方になるので、へりくだって何かお願いするような時に使いましょう。

Would you mind opening the window?

窓を開けていただけますか？

＊「窓を開けたら気にしますか？」→「窓を開けていいですか？」というイメージ。

Would you mind helping with the dishes?

皿洗いを手伝ってもらえますか？

＊ help with dishes で「皿洗いを手伝う」。

Would you mind finishing it today?

それを今日終わらせてもらえますか？

＊言いにくい頼みごとをする時に。

would を使って
OK をもらうには？

Would it be okay if I used your desk?
机をお借りしてもよろしいですか？

A Would it be okay if ...?で「〜してもよろしいですか？」という丁寧なお願いになります。okayをall rightに変えて、Would it be all right if ...?でも同じようなニュアンスに。Could I ...?より丁寧なフレーズです。

Would it be okay if I took a break?
休憩してもいいですか？
＊上司に許可を求めるような時に。

Would it be okay if I left early?
早く帰ってもいいですか？
＊早退の許可を取る時に。

Would it be all right if I called him myself?
自分で彼に電話してもいいですか？
＊このように、okay を all right に変えることもできます。

断言せず
気持ちを表す言い方は？

That would be better.
その方がいいでしょう。

A would でも「どうも〜のようだ」「たぶん〜だ」と、曖昧な表現ができます。ハッキリと断言しづらい時、would を使ってやんわりと言いましょう。

That would be no problem.
それは問題ないでしょう。
＊使えるフレーズです！

That would be great.
それはいいですね。
＊ほめる時に。

That would be just fine.
それでいいだろう。
＊相手に同意する時に。

あり得ないたとえ話を するなら？

....

If I were a bird, I would fly away.
もし私が鳥だったら、飛べるのに。

A 受験勉強でおなじみの文ですよね？「もし〜だったら、〜なの
に」と「現実ではあり得ない話」をする時のフレーズです。**If＋仮定
法**のあとにwouldを使います。Ifのあとの動詞を過去形にするのが
ポイントです！

If I were you, I would do the same thing.
もし私があなたなら、同じことをするだろう。
＊相手に賛成する時に。

If I were a doctor, I would know how to help him.
もし私が医者なら、どうすれば彼を助けられるかわかるだろう。
＊現実は「医者ではない」ことに。

If I were a soldier, I would have to go to war.
もし私が兵士だったら、戦争に行かなければならないだろう。
＊主語がIでもwereとなることに注意！

wouldを使った定番表現

wouldの元の形であるwillに「意志」のニュアンスがあることから、wouldを使うことで気持ちのこもった表現になります。頼みごとなどでうまく使いましょう！

I'd like coffee.	コーヒーをお願いします。
I'd like to order a pizza.	ピザを注文したいのですが。
I'd like to make a reservation.	予約したいのですが。
I would appreciate your feedback.	フィードバックに感謝します。
I would appreciate your help.	手助けに感謝します。
I would appreciate your understanding.	ご理解いただけてうれしいです。
I would be happy to help.	お手伝いさせていただきうれしいです。
I would be honored to attend.	出席させていただき光栄です。
I would be thrilled to participate.	参加できてとてもうれしいです。
I would like to apologize.	おわび申し上げます。
I would like to ask a question.	質問したいです。

I would like to express my gratitude.	感謝の意を表したいです。
I would like to learn more.	もっと学びたいです。
I would like to make a contribution.	貢献したいです。
I would like to make a reservation.	予約をしたいです。
I would like to offer my assistance.	お手伝いを申し出たいです。
I would like to offer my congratulations.	お祝いを申し上げたいです。
I would like to schedule a meeting.	会議の予定を立てたいです。
I would love to hear your opinion.	あなたの意見を聞きたいです。
I would love to see you.	あなたに会いたいです。
I would prefer the blue one.	青い方がいいです。
I would recommend this book.	この本をおすすめします。
That would be better.	その方がいいでしょう。
That would be great.	それはいいですね。
That would be just fine.	それでいいだろう。
That would be no problem.	それは問題ないでしょう。

Would you be available next week?	来週空いていますか？
Would you be interested in collaborating?	協力に興味がありますか？
Would you be interested in volunteering?	ボランティアに興味が ありますか？
Would you be willing to help out?	手伝っていただけますか？
Would you consider my proposal?	私の提案を検討して いただけますか？
Would you consider my request?	私のリクエストを検討して いただけますか？
Would you kindly explain it to me?	説明していただけますか？
Would you give this message to John?	このメッセージをジョンに 伝えてくれますか？
Would you pass this message on to everyone?	みんなにこのメッセージを 伝えていただけますか？
Would you like some tea?	お茶はいかがですか？
Would you like to go for a walk?	散歩に行きませんか？
Would you mind if I added my thoughts?	私の考えを加えても いいですか？
Would you mind if I asked a question?	質問してもいいですか？
Would you mind if I borrowed this?	これを借りても いいですか？

Would you mind if I joined you?	一緒に参加しても いいですか？
Would you mind if I took a break?	休憩してもいいですか？
Would you mind if I talked for a moment?	少しの間、いいですか？
Would you mind if I took a rain check?	またの機会に お願いできますか？
Would you please be quiet?	静かにして いただけますか？
If wishes were horses, beggars would ride.	願い事が馬なら、貧乏人も 乗るだろう（努力せずに願 いが叶うなら、誰も努力は しない）。

【8】

should

 イメージ 道徳の言葉。
正しいことを示し、良いアイデアを伝えよう

① shouldで指示・提案

You should go to the hospital.　病院に行った方がいいよ。

shouldを「〜するべきだ」と訳す人は多いですが、実際は「〜した方がいい」程度のニュアンス。そのため上の例文は「病院に行った方がいいよ」という指示・提案に。ただし内容により「〜した方がいいよ（やらないだろうけど）」という嫌味なニュアンスに取られる可能性もあるので、それを避けるには次の②のように、頭にMaybeをつけて言いましょう。

② オススメの提案はこれ！

Maybe you should go home.
家に帰った方がいいんじゃない？
ぜひ使いこなしてほしいフレーズがこれ！　Maybe you should
...で「たぶん〜した方がいい」→「〜した方がいいんじゃない？」
という、やわらかいアドバイスになります。角が立たない言い方
なので、これなら誰にでも使えます。

③ I should ... で反省？

I should study hard.
一生懸命勉強しないと（でもやらないんだよね）。
自分に対してI should ... と言えば、「〜しないと（でもやらないん
だよね）」という反省が見られない（！）一言に。I should work
hard. なら「一生懸命働かないと（でもやらないんだよね）」です。

④ 過去を後悔するなら？

I should have gone home.
家に帰るべきだった（でも帰らなかった）。
should have＋過去分詞は「〜するべきだったのに（しなかった）」
と、過去を悔やむフレーズになります。I should have＋過去分詞
なら自分を、You should have＋過去分詞だと相手を責める一言に。

⑤ should と had better は同じ？

You had better go home.
家に帰った方がいい（さもないと大変なことになるかも）。
should も had better も提案に使いますが、had better には「〜し
た方がいい（さもなければ…）」という警告めいたニュアンスがあり
ます。何か注意する時は、had better もしくは Maybe you'd better
がオススメです。

I should ...は、
どういうニュアンス？

I should study for the test.
テスト勉強をしないと（でもやる気にならない）。

A 自分に対して I should ...と言うと「〜したいんだけど（できない）」と言い訳のようなセリフになります。「何かをやらなければいけないのはわかっているけれど、なかなかそれができない」と言いたい時に使いましょう！

I should save some money.
お金を貯めないと（でも貯められない）。
＊（　）の中が現実です。

I should visit my family.
家族を訪ねないと（でもなかなか行けない）。
＊実家になかなか行けないのが現実、という時に。

I should clean the house.
家を掃除しないと（でもなかなかできない）。
＊掃除するヒマがないのが現実、という時に。

やんわりアドバイスするなら？

Maybe you should study for the test.
テスト勉強した方がいいんじゃない？

A 日本語でもよく「〜した方がいいんじゃない？」と、遠回しにアドバイスすることがあると思います。それとイコールになる英語が、この Maybe you should ... です。Maybe（たぶん）をつけることでやわらかい言い回しに。ぜひ使ってみてください！

Maybe you should try it.
それ、やってみたらいいんじゃない？
＊何かに挑戦するようすすめる時に。

Maybe you should ask her.
彼女に聞いてみたらどう？
＊何か彼女に聞きたいことがあるのに聞けない人に。

Maybe you should apologize.
謝った方がいいんじゃない？
＊素直に謝れない人に。

ちょっと本音を言いたい時は？

Maybe you should have married her.
彼女と結婚すればよかったのに（しなかった）。

A Maybe you should have＋過去分詞で「〜すればよかったのに（しなかった）」と、過去を悔やむ時のフレーズに。そのため例題は「彼女と実際は結婚しなかったけれど、結婚すればよかったのに」という意味になります。Maybeを頭につけることで、ひとりごとを言っているようなニュアンスになります。

Maybe you should have called me earlier.
もっと早く電話をくれればよかったのに（くれなかった）。
＊電話が遅かった残念さを伝える一言。

Maybe you should have gone to the party.
パーティーに行けばよかったのに（行かなかった）。
＊パーティーに行かなかったことを残念がる一言。

Maybe you should have told me.
言ってくれればよかったのに（言ってくれなかった）。
＊一言話してほしかった時に。

「しなければよかった」と
後悔を表すには？

....

I shouldn't have trusted him.
彼を信じなければよかった（信じてしまった）。

A shouldn't have＋過去分詞だと「〜しなければよかったのに（してしまった）」と、何かやらかしてしまったことを後悔する時のフレーズに。目の前の人に You shouldn't have ... と言うと、相手を責めるような言葉になります。

I shouldn't have stayed up so late.
そんなに遅くまで起きていなければよかった（夜ふかしをしてしまった）。
＊過去のことを言う時は、助動詞の後に have＋過去分詞を続けます。

I shouldn't have said that to her.
彼女にそれを言うべきではなかった（言ってしまった）。
＊余計な一言を言ってしまった時に。

You shouldn't have spent so much money.
きみはそんなにお金を使うべきではなかった（使ってしまった）。
＊相手を非難するイメージ。

確実度はどのくらい？

The train should have arrived in Kyoto by now.
その電車は今ごろ京都に着いているはずだ。

A 時間に関係した文で、should have＋過去分詞を使うと「（当然）〜したはずだ」と、かなり確実度の高い推測を表現できます。名探偵コナンのように、何かを推理する時によく使うフレーズです！

She should have arrived in Shibuya by now.
彼女は今ごろ渋谷に着いているはずだ。
＊by now 「今ごろ」

You should have seen that movie!
観ればよかったのに！
＊オススメの映画の話をして。

You should have seen him dance!
彼のダンスを見れば良かったのに！
＊彼のダンスをほめるニュアンスがあります。

確認するときに
便利な言い方は？

What should I do?
どうすればいい？

A 疑問文のShould I ...?は「私は〜した方がいいですか？」という確認ですが、**疑問詞 + should I ...?**なら「どう／どこへ／何を／いつ／どこへ〜すればいい？」と、人にアドバイスをもらいたい時の一言に。人に何かを確認する時に使いましょう。

Where should I go?
どこに行けばいいですか？
＊方向や場所を聞く時に。

How should I start?
どう始めればいいですか？
＊方法を聞く時に。

When should I call you?
いつ電話すべきですか？
＊時間を聞く時に。

shouldとought toは同じ？

....

(Maybe) You ought to come early.
早めに来るべきだよ。

A shouldとought toはともにアドバイスに使われる言葉です。ただしshouldが主に個人的な意見なのに対し、ought toは客観的な意見のニュアンスが強く、やや強い義務のように聞こえます。そのためビジネスではshouldを使うのがオススメです。いずれもMaybe you should、またはMaybe you ought toとMaybeをつけて言うと、丁寧なニュアンスになります。

We ought to be on time.
我々は時間通りに着くはずだ。
＊やや義務のニュアンスが強くなります。

He ought to call back.
彼は電話をかけ直すだろう。
＊客観的に「電話をかけ直すべきだ」というニュアンス。

(Maybe) You ought to apologize.
きみは謝るべきだよ。
＊客観的な意見として言う時に。

Q.8

had betterと、どう違う？

(Maybe) You'd better go to school.
学校に行った方がいいよ（さもないと大変なことになる）。

A 「should と had better は言い換えられる」と思っている人は多いはず。でもネイティブ的には、had better に「〜した方がいい（さもなければ）」という警告めいたニュアンスを感じます。そのため気軽なアドバイスなら should を、警告的に言うなら had better を使います。これも最初に Maybe をつけると、柔らかいニュアンスになります。

(Maybe) You'd better hurry.
急いだ方がいいよ（さもないと大変なことになる）。

＊ You had better ... は You'd better ... と省略されます。

(Maybe) You'd better leave early.
早く出発した方がいいよ（さもないと大変なことになる）。

＊ Maybe をつけることで「〜かもよ」といったニュアンスに。

Maybe you'd better study for your exams.
試験の勉強をした方がいいよ（さもないと大変なことになる）。

＊勉強していない人に。

shouldを使った定番表現

ネイティブの感覚からすると「〜するべきだ」という強制的なニュアンスではなく、「〜した方がいい」程度になります。

How should I know?	わかるわけないだろう？（そんなこと知らないよ）
I did more than I should have.	出過ぎたまねをしてしまった。
I guess I should be going.	そろそろ行かないといけません。
I said more than I should have.	言いすぎました。
I should be getting home.	そろそろ帰らないと（でも帰れないだろう）。
I should be going.	もう行かないと（でも行けないだろう）。
I should be more punctual.	もっと時間を守るべきだ（でも守れないだろう）。
I should cut down on caffeine.	カフェインの摂取を減らすべきだ（でも減らないだろう）。
I should drink less alcohol.	アルコールを減らすべきだ（でも減らないだろう）。
I should get more sleep at night.	夜もっと寝るべきだ（でも寝ないだろう）。
I should organize my desk.	机を整理すべきだ（でもしないだろう）。
I should reduce my sugar intake.	砂糖の摂取量を減らすべきだ（でも減らないだろう）。

I should spend less time on social media.	SNSでの時間を減らすべきだ（でも減らないだろう）。
I should spend more time with my family.	もっと家族と時間を過ごすべきだ（でもやらないだろう）。
I should start working out more often.	もっと運動するべきだ（でもやらないだろう）。
I should stop procrastinating.	先のばしをやめるべきだ（でもやめないだろう）。
I should turn off my phone at night.	夜、携帯を切るべきだ（でも切らないだろう）。
I should have introduced myself earlier.	申し遅れました（もっと早く自己紹介するべきでした）。
I should have known better.	もっとよく知っておくべきだった（私としたことが）。
I should have known better than to say that.	そんなことを言った私がバカでした。
I should have known that was going to happen.	そうなることは考えておくべきだった。
I should have said something sooner.	もっと早くに何か言うべきだった（言うのが遅すぎた）。
I think it should be okay now.	今は大丈夫なはずです。
It should start raining soon.	もうすぐ雨が降り出すはずだ。
Maybe you should apologize.	謝った方がいいんじゃない？
Maybe you should try it.	それ、やってみたらいいんじゃない？

Maybe I should make it clear.	はっきりさせておいた方がいいかもしれません。
That should be okay.	大丈夫でしょう。
There's something you should know.	知っておいてもらいたいことがある（ちょっと話があるんだけど）。
We should get together sometime.	またいつかお会いしたいですね。
What should we do first?	まず何をすればいい？
Why should I tell you?	なぜあなたに言わなくてはいけないの？（あなたの知ったことではない）
(Maybe) you should be ashamed of yourself.	恥を知るべきだよ。
(Maybe) you should be in school.	学校にいた方がいいよ。
(Maybe) you should be proud of yourself.	自分に誇りを持った方がいいよ。
(Maybe) you should be so lucky!	それは無理だよ！
(Maybe) you should be.	当然だよ。 ＊I'm worried about the test. に対して You should be. ＝勉強してないので当然だよ。
(Maybe) you should check this out.	これを見てよ。
(Maybe) you should see this!	ちょっとこれ見てよ！
(Maybe) you should come early.	早めに来るといいよ。

(Maybe) you should have been there.	あなたもいればよかったのにね（いなかった）。
(Maybe) you should have known when to give up.	人間、あきらめが肝心だよ。
(Maybe) you should have seen it.	あなたに見せたかったよ（見せられなかった）。
(Maybe) you should have stayed longer.	もっとゆっくりしていってくれればよかったのに（帰ってしまった）。
(Maybe) you should have told me sooner.	もっと早く言ってくれればよかったのに（言わなかった）。
(Maybe) you should know.	わかっているはずだよ。
(Maybe) you should send her an e-mail.	彼女にメールしなよ。
(Maybe) you should take some time off.	少し休んだ方がいいよ。
(Maybe) you should think so.	そう願いますね。
(Maybe) you shouldn't have done that.	そんなことをすべきではなかったのに（してしまった）。
(Maybe) you shouldn't have.	そんなことしなくてもいいのに。
(Maybe) you shouldn't say that.	それは言うなって。
(Maybe) you shouldn't say things like that.	そんなことは言わない方がいいよ。
(Maybe) you shouldn't talk so much.	しゃべりすぎない方がいいよ。

【9】

might

 未知の言葉。
試してみると、新しい可能性が広がるかも

① may の過去形が might?

It might rain tomorrow.
ひょっとして明日は雨が降るかもしれない。

may の過去形が might と習ったでしょうが、may の過去形として
使うのは時制の一致のみ。あとは、ほぼ「(ひょっとして)〜かも
しれない」という低い可能性を表します。ハッキリ物事を言いた
くない時、自信がない時、ネイティブは日常会話でとてもよく
might を使います!

② 何か「やらかした時」は might have + 過去分詞

I might have said something rude.
失礼なことを言ってしまったかもしれない。

何か自分が「やらかしてしまった時」は、**might have＋過去分詞**を使えば「（ひょっとして）〜してしまったかもしれない」と、過去を後悔するフレーズに。

③ 不満があったら You might ... で！

You might say sorry. 　ごめんと言ってくれてもいいのに。

状況によっては、相手に **You might ...** と言うと「〜してくれてもいいのに」という恨み言になります。

You might give me a chance. （チャンスをくれてもいいのに）など、思いの丈を打ち明ける時に便利です！

④ might as well を使いこなそう！

You might as well give up.
（仕方ない）あきらめた方がいいよ。

I might as well give up.
（仕方ない）あきらめようかな。

I might as well stay at home today.
（仕方ない）今日は家にいた方がましだ。

You might as well wait until Saturday.
（仕方ない）土曜まで待ってくれないか。

might as well と受験の時に覚えた記憶がある人もいるでしょうが、今ひとつ使い方がわからなかったのでは？

それもそのはず、このフレーズには「仕方ない」というニュアンスがあることを覚えるのがポイントです。「（仕方ない）〜した方がいい」「（仕方ない）〜する方がましだ」など、さまざまな意味で使えます。

こういう表現は文法で覚えるより、代表的なフレーズを丸ごと覚えて、それを応用しましょう。

mightの「〜かも」は、どんなニュアンス？

··

It might rain.
ひょっとして雨が降るかもしれない。

A mightには「ひょっとして〜かもしれない」という低い可能性を表すニュアンスがあり、天気に対して何か予想する時は主語を It にして表現します。「〜かもしれない」はmayを使うと思っている人が多いでしょうが、アメリカ英語ではmightを使うことがほとんどです。

He might need help.
ひょっとして彼は助けが必要かもしれない。
＊困っている人を見かけた時に。

She might join later.
ひょっとすると後で彼女が参加するかもしれない。
＊可能性的に低いので、念のために言っておく時にも使えます。

Sam might visit us.
ひょっとするとサムが訪ねてくるかもしれない。
＊ちょっとした思いつきでよく使う言い回しです。

might have＋過去分詞は、
なぜ便利？

I might have forgotten the keys.
鍵を忘れてしまったかもしれない。

A might have＋過去分詞で「（ひょっとして）〜したかもしれない」と、過去の可能性や推測を表すことができます。文法で覚えると難しいので、日本語のイメージで覚えるのがオススメです！

I might have left my phone at home.
スマホを家に置いてきたかもしれない。
＊忘れ物をした時に使えるフレーズです！

Mary might have missed the bus.
メアリーはバスを逃したかもしれない。
＊「〜しちゃったかも」と言いたい時に。

You might have misunderstood me.
あなたは私を誤解しているかもしれない。
＊誤解がありそうな時はこのフレーズを。

mightで不満を表せる？

You might help me a little.
ちょっと手伝ってくれてもいいのに。

A 状況により、You might ... で「〜してくれてもいいのに」と、ちょっと不満げな一言になります。何か相手に対してうらめしいことがあったら、思い切って You might ... と言ってみましょう！

You might listen to my opinion now and then.
私の意見を時々は聞いてくれてもいいのに。
＊相手に不満があったらこんな一言を！

You might try to save a little money.
少しはお金を貯めてもいいのに。
＊散財している人に。

You might at least apologize.
せめて謝ってくれてもいいのに。
＊ You might at least ... で「せめて〜してくれてもいいのに」。

ネイティブは、なぜ
might as well をよく使う？

We might as well forget it.
（仕方がないから）忘れた方がいいね。

A might as well のフレーズには「仕方がない」というニュアンスが含まれます。そのため「（仕方がないから）〜した方がいい」「（仕方がないから）〜する方がましだ」「（仕方がないから）〜してもよい」などの意味があるので、ネイティブは好んで使います。
日本人だと使いこなすのがむずかしいかもしれませんが、使いこなしたら一目置かれますよ。

We might as well call it a day.
今日はここまでにしよう。
＊call it a day 「（仕事などを）切り上げる」

You might as well go now.
（待っても仕方がないから）帰っていいんじゃない。
＊might as well を入れることでニュアンスがやわらかくなります。

Might as well.
まあ、いいんじゃない。
＊適当な返事をする時に。

mightを使った定番表現

I might as well give up.	あきらめようかな。
I might as well.	仕方がない。
I might be late.	遅れるかもしれない。
I might be next.	次は私かもしれない（人ごとではない）。
I might give it a try.	試してみようかな。
I might give you a call.	電話をかけるかもしれない。
I might have a better idea.	より良いアイデアがあるかもしれない。
I might have gone too far.	言いすぎたかもしれない。
I might have known.	やっぱりそうだった。
I might have to think it over.	考え直す必要があるかもしれない。
I might need more information.	もっと情報が必要かもしれない。
I might need some time.	時間が必要かもしれない。
I might need your help.	あなたの助けが必要かもしれない。

I might need your input.	あなたの意見が必要かも しれない。
I might not have to do it.	それはやらなくてもいい かもしれない。
I might not make it.	間に合わないかも しれない。
I thought I might as well ask.	聞いてみる価値があると 思った。
I thought you might do that.	そうすると思った。
I thought you might understand.	あなたならわかってくれる かもと思った（わかってく れてよかった）。
It might be hard to believe.	信じられないかもしれませ んが。
It might have been worse.	もっと悪いことになって いたかもしれない。
It might just be me.	気のせいかもしれない。
It might just work.	それはうまくいくかも しれません。
It might not be easy.	簡単ではないかもしれない。
It might start raining.	雨が降り出すかもしれない。
It's easier than you might think.	あなたが考えているほどむ ずかしくない（案ずるより 産むが易しだ）。
She thought she might as well give it a try.	彼女は試してみる価値が あると思った。

That might be true, but it's not the whole story.	それは真実かもしれないが、すべてではない。
They might as well be strangers.	彼らは見知らぬ人のようなものだ。
We might as well call it a day.	今日はここまでにしよう。
We might as well go home.	家に帰った方がいい。
We might as well start now.	いま始めた方がいいかもしれない。
You might as well admit it.	認めた方がいい。
You might as well be talking to a brick wall.	あなたはまるで壁に話しているようなものだ。
You might as well forget it.	そのことは忘れた方がいい。
You might as well give it a try.	やってみるだけの価値はあるかもしれない。
You might be able to help me.	手伝ってくれてもいいのに。
You might be next.	次はあなたかもしれない（他人事ではない）。
You might want to keep this in mind.	このことを忘れないでくださいね。
You might want to rethink that.	考え直した方がいいかもしれない。
You never know what might happen.	何が起こるかわからない。

「現実とは異なること」を言うなら？

　日本人が一番苦手な助動詞の使い方と言えば、俗に「仮定法」と呼ばれる「現実とは異なること」を表現する言い方ですね。助動詞を比較して、ニュアンスの違いを見てみましょう。

◉ could have + 過去分詞
　「～できただろうに（実際はしなかった）」

**I could have been a superstar,
but I didn't want that kind of life.**

スーパースターになれたかもしれないが、
そんな人生は望んでいなかった。

◉ might have + 過去分詞
　「～したかもしれないのに（実際はしなかった）」

**If I had tried a little harder,
I might have been a superstar.**

もう少し頑張っていれば、
スーパースターになれたかもしれない。

◉ should have + 過去分詞
　「～すべきだったのに（実際はしなかった）」

**I should have been a superstar instead of
marrying you.**

あなたと結婚する代わりに、スーパースターになるべきだった。

● would have ＋過去分詞
「〜していただろうに（実際はしなかった）」

If I had lived in California,
I would have been a superstar.

もし私がカリフォルニアに住んでいたら、
スーパースターになっていただろう。

could/might/should/would have ＋ 過去分詞で、
過去を振り返ってひとこと言ってみましょう！

ネイティブは
「9助動詞」で
こんなふうに
やりとりしてる

ショッピング ①

Can you tell me where the men's clothing section is?
紳士服売り場の場所を教えてもらえますか？

Sure, it's on the second floor.
はい、2階です。

Will there be any sales this weekend?
今週末、何かセールはありますか？

I'm not sure, but there might be a promotion on Saturday.
どうでしょう、でも土曜日に
売り出しがあるかもしれません。

May I try on this dress in a smaller size?
このドレスのもっと小さいのを試着してもいい
ですか？

Of course, I'll be right back.
もちろん、すぐにご用意します。

＊ Can you tell me where ...?　「～の場所を教えてもらえますか？」
＊ Will there be any ...?　「何か～はありますか？」
＊ there might be ...　「～があるかもしれません」

ショッピング ②

Should I get this shirt in blue or green?
このシャツはブルーとグリーンのどちらを買った方がいいでしょう？

Maybe you should go with the blue one.
ブルーにした方がいいかもしれません。

Could you please check if this item is in stock?
この商品の在庫を確認していただけますか？

Certainly, I'll check the inventory for you.
Would you like to also look at some
accessories to go with the outfit?
かしこまりました、在庫を確認いたします。
その服に合うアクセサリーもご覧になりますか？

Yes, I should definitely find some
matching accessories.
そうですね、ぜひ服に合うアクセサリーを
見つけないと。

＊Should I ... A or B?　「AとBのどちらを〜した方がいいでしょう？」
＊Maybe you should ...　「（あなたは）〜した方がいいと思います」
＊in stock　「在庫がある」
＊check the inventory　「在庫を確認する」
＊Would you like to ...?　「〜しますか？」
＊should definitely ...　「ぜひ〜します」

ショッピング ③

Hi, can you help me find a pair of jeans?
こんにちは、ジーンズを探すのを手伝ってもらえる？

Yes, the clothing section is on the 3rd floor.
はい、衣料品売り場は3階にあります。

Thank you.
Should I get the blue or the black pair?
ありがとう。
青いのと黒いの、どちらを買った方がいいですか？

They both look nice. You can try them on.
両方とも素敵です。ご試着できますよ。

Well, I think I'll go with the blue pants.
ええっと、青のパンツにしようと思います。

That's a good choice.
Blue matches everything.
いいですね。青は何にでも合いますから。

＊ a pair of jeans 「ジーンズ（足の部分が2つなのでa pair ofとなる）」
＊ Should I get A or B? 「AとB、どちらを買った方がいいですか？」
＊ I think I'll go with ... 「～を選びます」→「～にしようと思います」
＊ That's a good choice. 「いい選択ですね」→「いいですね」

ショッピング ④

 Could you recommend a good brand of shoes?
オススメの靴のブランドはありますか？

You can check out our new arrivals.
新入荷の商品をご覧いただけます。

 Do I need to pay in cash,
or can I use a credit card?
現金で支払う必要がありますか、
それともクレジットカードが使えますか？

You can use either cash or a credit card.
現金でもクレジットカードでも、どちらでも
ご利用いただけます。

 Could I get a receipt, please?
レシートをいただけますか？

Of course, I'll print it out for you.
もちろんです、すぐに印刷いたします。

＊ Could you recommend ...? 「〜をオススメしてくれますか？」
　　　　　　　　　　　　　　→「オススメの〜はありますか？」
＊ You can check out ... 「〜をご覧いただけます」
＊ You can use either A or B 「AでもBでもご利用いただけます」
＊ Could I get ... , please? 「〜をいただけますか？」

プレゼントを買う

Hi there! Can I help you find something?
こんにちは！　何かお探しですか？

Oh, thanks! I'm looking for a gift for my friend.
ああ、ありがとう！ 友達へのプレゼントを探してるんです。

Have you already decided,
or should I give you a few suggestions?
すでに何かお考えですか、
それともオススメした方がいいですか？

I'm still thinking. Maybe you could
recommend something kind of unique.
まだ考え中です。何か面白い物を
オススメしてもらえそうですね。

Of course. How about this stylish watch?
もちろんです。このスタイリッシュな時計は
いかがですか？

That looks great. I'd like to see it up close.
素敵ですね。近くで見てみたいです。

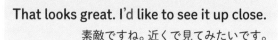

* Can I help you find something? 「何か探すのをお手伝いできます
か？」→「何かお探しですか？」、接客時の定番表現。
* Maybe you could recommend ... 「〜をオススメしてもらえそうで
すね」

ホテルで ①

Hi, could you help me get checked in?
すみません、チェックインを手伝ってもらえますか？

Sure. Could you give me your name and reservation details?
はい。お名前とご予約の詳細を教えていただけますか？

Yes, of course.
Should I show you my passport?
はい、もちろんです。
パスポートをお見せしましょうか？

That would be fine.
Could you fill out this form?
助かります。こちらの書類にご記入いただけますか？

Sure.
Could you tell me what time check-out is?
はい。チェックアウトは何時か教えてもらえますか？

Check-out is at 11:00 AM.
チェックアウトは午前11時です。

＊ Could you help me ...? 「～を手伝ってもらえますか？」
＊ Should I show ...? 「～をお見せしましょうか？」
＊ That would be fine. 「それはいいですね」→「助かります」
＊ Could you tell me ...? 「～を教えてもらえますか？」

ホテルで ②

Hi, can I book a room for two nights from Friday?
すみません、金曜日から２泊分の部屋を
予約できますか？

Certainly. That won't be a problem.
かしこまりました。問題ございません。

Thanks! Should I show you my credit card?
ありがとう！ クレジットカードをお見せしましょうか？

Yes, if possible.
We can use it to secure the reservation.
はい、もし可能でしたら。
予約の確定に使わせていただきます。

Great! Can you also confirm
if breakfast is included?
いいですね！　朝食が料金に含まれているかも
確認してもらえますか？

Sure. I'll just check to see
if the payment includes breakfast.
はい。朝食が料金に含まれているか
ちょっと確認してみます。

＊ That won't be a problem.　問題ありません。

ホテルで ③

Hi. I'd like to order room service.
How can I see the menu?

すみません、ルームサービスを頼みたいです。
メニューはどうすれば見られますか？

You can order dinner from our room service
menu. It should be in the desk drawer.

はい。ルームサービスのメニューから夕食をご注文
いただけます。メニューは机の引き出しにあるはずです。

Thank you. Should I call a specific number
to order?

ありがとうございます。注文は特定の番号にかけた
方がいいですか？

You can just push "Room Service"
on your room phone.

お部屋の電話で「ルームサービス」を押すだけです。

Could you tell me how long it usually takes?

いつもどれくらいかかりますか？

It should takes about 30 to 40 minutes.

通常30～40分程度です。

ホテルで ④

Hi, can you help me with check-out?
チェックアウトをお願いできますか？

Of course. You can settle your bill here.
はい。お会計はこちらでどうぞ。

Thank you.
Should I return the key card,
or can I keep it?
ありがとうございます。
カードキーは返却した方がいいですか、
それとも持っていていいですか？

You can keep the card as a souvenir.
お土産としてお取り置きください。

* Can you help me with check-out? 「チェックアウトを手伝ってもらえますか？」→「チェックアウトをお願いできますか？」
* settle a bill 「勘定を支払う、勘定する」
* as a souvenir 「お土産として」

おすすめスポットを聞く ①

Excuse me, can you suggest some popular attractions around here?
すみません、この辺りで人気の観光スポットを
教えてもらえますか？

Of course. I recommend visiting the castle.
もちろん。お城に行くのをオススメします。

**That sounds interesting.
Can you tell us how to get there?**
それは面白そうですね。
そこへの行き方を教えてもらえますか？

Sure, you can take a taxi or the local bus.
はい、タクシーか路線バスがあります。

Is there an entrance fee for the castle?
お城に入場料はかかりますか？

**Yes, there is. It's 20 euros for adults.
You can get a ticket at the entrance.**
はい。大人ひとり20ユーロです。
入り口で買うことができます。

* Can you suggest ...? 「〜を提案できますか？」
　　　　　　　　　　　→「〜を教えてもらえますか？」
* I recommend ... 「〜するのをオススメします」

おすすめスポットを聞く ②

Hi. Can you recommend any popular attractions near here?
こんにちは。この辺でオススメの人気観光スポットはありますか？

Of course, you can visit a historic temple nearby.
ええ、近くの歴史的な寺院を訪れることもできますよ。

Thanks. When is the best time to visit?
ありがとうございます。いつ訪れるのがベストですか？

I would go in the morning when it's less crowded.
私なら人が少ない午前中に行きますね。

I see. Can you tell me how to get there?
なるほど。行き方を教えてもらえますか？

Sure. You can walk or go by bus from the next station.
ええ。隣の駅から徒歩、またはバスで行くことができます。

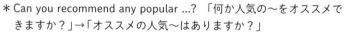

＊ Can you recommend any popular ...? 「何か人気の〜をオススメできますか？」→「オススメの人気〜はありますか？」
＊ You can ... 「〜できますよ」
＊ I would ... 「（もし）私なら〜します」
＊ Can you tell me how to ...? 「どう〜するか教えてもらえますか？」

おすすめスポットを聞く ③

Hi. I only have two hours.
Are there any must-see places nearby?
こんにちは。2時間しかないんですが、
近くで絶対に見るべき場所はありますか？

Of course. You can't miss
the beautiful Japanese garden near here.
ええ。この近くの美しい日本庭園は見逃せませんよ。

When is it open?
開園時間は？

It opens at 9:00 and closes at 5:00.
開園時間は9時から5時です。

Thanks! Can you show me how to get there?
ありがとう！　そこまでの道を教えてもらえますか？

Sure. You can just walk down this street and
you'll see the entrance in about 10 minutes.
もちろん。この通りを歩けば、
10分ほどで入り口が見えてきますよ。

* must-see place 「絶対に見るべき場所」
* You can't miss ... 「〜は見逃せません」
* It opens at ... and closes at ...「それは〜時に開いて、〜時に閉まります」→「開園時間は〜時から〜時です」

おすすめの店を聞く

Hi, could you suggest a good place to eat?
こんにちは、オススメの食事する店を教えてもらえ
ますか？

Of course. Maybe you should try
the local sushi restaurant.
ええ。地元の寿司屋に行ってみるといいですよ。

Thanks. Do I need to make a reservation?
ありがとう。予約は必要ですか？

It's popular, so maybe you should
make a reservation.
人気店ですから、予約した方がいいですよ。

I see. Can you tell me how to get there?
なるほど。行き方を教えてもらえますか？

Sure, it's just a 10-minute walk from here.
ええ、ここから歩いてほんの10分です。

＊a good place to eat 「食事するのにいい場所」
　　　　　　　　　　　→「オススメの食事する店」
＊You should try ... 「～してみるといいですよ」
＊Do I need to ...? 「～は必要ですか？」
＊make a reservation 「予約する」
＊Can you tell me how to ...? 「～の仕方を教えてもらえますか？」
＊a 10-minute walk 「徒歩10分」

コンビニで

Hi, can I get a bottle of water?
水を1本いただけますか？

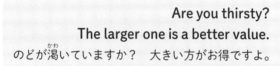

Sure. You can find the water in the refrigerator aisle.
はい。水は冷蔵庫の通路にあります。

Thanks. Should I get a small one or a large one?
ありがとうございます。小さいのと大きいの、どちらがいいでしょう？

Are you thirsty? The larger one is a better value.
のどが渇（かわ）いていますか？　大きい方がお得ですよ。

I see. I'll go with the large one, please.
そうですか。大きい方でお願いします。

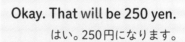

Okay. That will be 250 yen.
はい。250円になります。

＊a bottle of water　「水のボトル1本」
＊refrigerator aisle　「冷蔵庫の通路」
＊a better value　「より価値がある」→「よりお得」
＊I'll go with ...　「〜にします」
＊That will be ... yen　「（それは）〜円になります」

バスに乗る

Hi, could you help us find the nearest bus stop?
すみません、最寄りのバス停を教えてもらえますか？

Sure. I can show you the way.
ええ。行き方を教えますね。

Thank you. Can we buy tickets on the bus?
ありがとうございます。バスで切符は買えますか？

Yes, take a ticket when you get on the bus.
はい、バスに乗るときにチケットを取ってください。

I see. Thanks for your help!
なるほど。助かります！

Certainly, I'm glad I could help.
ええ、お役に立ててうれしいです。

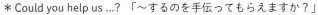

* Could you help us ...? 「～するのを手伝ってもらえますか？」
* I can show you ... 「～を教えることができます」
　　　　　　　　　　→「～を教えますね」
* Can we ...? 「～できますか？」
* take a ticket 「チケットを取る」
* I'm glad I could help. 「お役に立ててうれしいです」

初対面で

Hi. Can I sit here?
こんにちは。ここに座ってもいいですか？

Sure, go ahead.
ええ、どうぞ。

Thanks!
Would you mind if I open the window?
ありがとう！　窓を開けてもいいですか？

No problem. I don't mind.
大丈夫ですよ。どうぞ。

So, are you from around here?
えっと、お近くからですか？

Yes, I was born and raised not far from here.
はい、生まれも育ちもこの近くです。

＊ Would you mind if I ...?　「～したら気にしますか？」
　　　　　　　　　　　　　→「～してもいいですか？」
＊ I don't mind.　「気にしません」→「どうぞ」
＊ I was born and raised not far from here.　「私はこの近くで生まれ
　て育ちました」→「生まれも育ちもこの近くです」

美術館で

Will the museum be open tomorrow?
美術館は明日、開いていますか？

Yes, we'll be open from 10:00 to 6:00.
はい、午前10時から午後6時まで開いています。

May I take photos inside the cathedral?
その大聖堂の中で写真を撮ってもいいですか？

Yes, you may. But please be respectful
of other visitors.
はい。他の方のご迷惑にならないようにしてください。

Can you recommend a good restaurant
nearby?
近くにオススメのレストランはありますか？

Of course. There are several great options
within walking distance.
はい。徒歩圏内にとてもいいレストランが
いくつかあります。

＊ we'll be open from A to B 「AからBまで開いています」
＊ Can you recommend ... nearby? 「近くの〜をオススメできます
　か？」→「近くにオススメの〜はありますか？」
＊ within walking distance 「徒歩圏内に」

レストランで ①

Can we get a table for two, please?
二人がけのテーブルをお願いできますか？

Of course. I'll give you a table by the window.
はい。窓のそばの席をご用意いたします。

Could we see the menu, please?
メニューを見せていただけますか？

Certainly, here are your menus.
かしこまりました、こちらがメニューです。

May I ask what the specials are today?
今日のスペシャルメニューは何ですか？

Today's specials are the catch of the day and vegetarian pasta.
本日のスペシャルは、今日収穫したものとベジタリアンパスタです。

＊ Can we get a table for ... , please?　「～人がけのテーブルをお願い
　できますか？」、レストランでの定番表現。
＊ Could we see ..., please?　「～を見せていただけますか？」
＊ May I ask what ...?　「～は何かお聞きしてもいいですか？」
　　　　　　　　　　　→「～は何ですか？」
＊ the catch of the day　「今日収穫したもの」

レストランで ②

Shall we start with an appetizer?
前菜から始めようか？

I think we **should** try the garlic bread.
ガーリックブレッドを食べてみるのはどうかしら。

Would you like some wine with your meal?
食事と一緒にワインをとる？

I need to drive later, so I'll just have water.
あとで運転しなきゃいけないから、水だけにします。

Should we order dessert now or later?
デザートは今、それとも後で注文する？

Maybe now. We **could** just order one dessert and share it?
今かな。デザートを1つ注文してシェアするのはどう？

---

* Shall we start with ...?　「〜から始めましょうか？」
* I think we should try ...　「〜してみるのはどうかしら」
* Would you like ...?　「〜が欲しいですか？」
* I need to ...　「〜しなきゃ」

レストランで ③

May we have the bill, please?
請求書をいただけますか？

Certainly, I'll bring it right away.
かしこまりました、すぐにお持ちします。

Could you split it for us, please?
お会計は折半でお願いできますか？

Of course. I can split it evenly for you.
はい。均等にお分けできます。

Thank you, that makes it easier for us.
ありがとうございます、助かります。

Sure. Here are your separate bills.
はい。こちらが個別の会計になります。

---

* May we have the bill, please?　「請求書をいただけますか？」、精算
　時の決まり文句。
* right away　「すぐに」
* split (the bill)　「割り勘にする、勘定を半々にする」
* split … evenly　「～を均等に分ける」
* make it easier for …　「～にとってより簡単になる」→「楽になる」
* separate bills　「個別の会計」

空港で ①

Hi, Could you tell me
where the nearest restrooms are?
こんにちは、一番近いトイレの場所を
教えてもらえますか？

Go straight ahead
and you'll find them on your left.
まっすぐ行った左手にありますよ。

Thank you.
Should I go through security first?
ありがとうございます。
先に保安検査を受けた方がいいですか？

You should probably use the restroom first,
then go through security.
先にトイレを済ませてから保安検査を受けた方がいいですよ。

I see. What direction should I go to get to
my gate?
なるほど。私の乗るゲートに行くにはどの方向に
行けばいいですか？

Let me see. You should probably take
the elevator to the 2nd floor.
ええっと。たぶんエレベーターで2階に行った方がいいですよ。

空港で ②

Hello. Can you help me find my departure gate?
こんにちは。出発ゲートを見つけるのを手伝ってもらえますか？

Of course. You can follow the signs to Gate C4.
ええ、C4ゲートへの案内をたどってください。

Thank you. Should I go through immigration right away?
ありがとう。すぐに入国審査を受けた方がいいですか？

Yes, you should go through passport control before security.
はい、保安検査の前に入国審査を通過した方がいいです。

How long does it usually take to go through security?
保安検査を通過するのに通常どのくらい時間がかかりますか？

It usually takes about 15 or 20 minutes.
いつも15〜20分程度かかります。

＊ passport control 「入国審査」

空港で ③

Hi. Can you tell me which line is
for passport control?
すみません。入国審査の列はどちらですか?

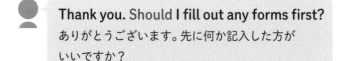

Oh, you can get in the line
for foreign travelers over there.
ああ、そちらの外国人旅行者用の列に
並ぶこともできますよ。

Thank you. Should I fill out any forms first?
ありがとうございます。先に何か記入した方が
いいですか?

Yes, you should fill out
the immigration form on the table.
はい、テーブルにある
出入国審査用紙に記入してください。

I see. Can you tell me how long it takes
to get through immigration?
なるほど。入国審査にかかる時間はわかりますか?

It usually takes about 30 to 45 minutes.
通常30分から45分くらいです。

* fill out forms 「書類に記入する」
* immigration form 「出入国審査用紙」

待ち合わせ

Hi. Can we meet at the coffee shop?
ねえ。コーヒーショップで会える？

Of course. I can meet you there at 3:00.
うん。3時にそこで会えるよ。

Thanks! Should I reserve a table?
ありがとう！　テーブルを予約した方がいい？

**That's okay. It won't be crowded,
so we can get a table. I'll be wearing a hat.**
大丈夫だよ。混んでないだろうから、
テーブルは取れるよ。私は帽子をかぶっているから。

**Great! Can you check if they have
outdoor seating?**
いいね！　屋外の席があるかどうか
チェックしてもらえる？

Sure. It will be nice if we can sit outside.
うん。外の席が空いてるといいね。

＊ Can we meet at ...?　「〜で会えますか？」
＊ reserve a table　「テーブルを予約する」
＊ I'll be wearing ...　「〜を身につけている」
＊ Can you check if ...?　「〜かどうか調べてもらえる？」

道案内 ①

 Hi. Can you tell me the way to the station?
すみません、駅までの道を教えてもらえますか？

You walk straight down this road for about 10 minutes.
この道をまっすぐ10分くらい歩いてください。

 Thanks.
Should I go left or right at the intersection?
ありがとうございます。
交差点は左、それとも右に行けばいいですか？

Turn left, and the station will be on the right.
左折してください、そうすると右手に駅があります。

 I see. What's the name of the station?
わかりました。駅の名前は何ですか？

 **It's Shinjuku Station.**
新宿駅です。

＊ the way to the station 「駅までの道」
＊ You walk ... 「あなたは〜を歩きます」→「〜を歩いてください」
＊ ... will be on the right 「〜は右手にあります」
＊ What is the name of ...? 「〜の名前は何ですか？」

道案内 ②

Hi. Could you help me find the nearest bank?
こんにちは。最寄りの銀行を探すのを
手伝ってもらえますか？

Of course. You can find it on the next street.
ええ。次の通りにありますよ。

Thank you. Should I keep going straight after turning right?
ありがとう。 右折後はそのまま直進した方が
いいですか？

No, just go down this street and you'll see it.
いいえ、この通りを行けば見えますよ。

Thanks! What's the name of the bank?
ありがとう！ その銀行の名前は何ですか？

It's Central Bank.
「中央銀行」です。

＊ Could you help me ...? 「～を手伝ってもらえますか？」
＊ You can find ... 「あなたは～を見つけることができます」
　　　　　　　　 →「～がありますよ」
＊ Should I ...? 「～した方がいいですか？」

Column ④

助動詞は何種類ある？

　英語の助動詞は16種類ほどあるとされます。

　本書では「9助動詞」をメインに紹介しましたが、余裕があれば以下も覚えておきましょう。

　意外かもしれませんが、これらも助動詞の仲間です。

● **had better**（〜した方がいい）
You'd better hurry to catch that last flight.
急がないと最終便に遅れるよ。

● **have to ...**（〜しなければならない）
I have to go.
私は行かなければならない。

● **ought to ...**（〜するべきだ）
You ought to come early.
もっと早く来るべきだ。

● **used to ...**（よく〜したものだ）
I used to go skiing a lot with my family.
以前は家族とよくスキーに行っていた（今は行っていない）。

　さほど使われませんが、dare（あえて〜する）なら**I don't dare go into the water.** で「私はあえて水に入る勇気がない」。

　使い方によってはbe動詞やdo、完了形のhave も助動詞になります。助動詞って奥が深いですね。

Epilogue

　最後までお読みいただき、ありがとうございました。

　「9助動詞」、いかがでしたか？

　それぞれのニュアンスや使い方を、いきなり完全にマスターできる人なんていませんから、まずはイメージをつかんでいただければ充分です。

　大事なのは、そのあと実際に使ってみることです。

　来日して40年、いつも私が皆さんにお伝えしているのは、暗記のための勉強などではなく、

　「表現力に直結する学びをしましょう！」

ということです。

　この「9助動詞」は、まさに表現力に直結どころか、表現力そのものと言えます。

　自分の気持ちを正確に伝えると同時に、相手が伝えたい気持ちも正しくキャッチできるようになる。それが助動詞を学んだ人が得た成果です。

　実践を続けて、より成果を大きくした皆さんと、どこかでお会いできるのを楽しみにしています！

デイビッド・セイン

【著者紹介】

デイビッド・セイン（David Thayne）

米国出身。米国の証券会社に勤務後、来日。「日米ネイティブ」として、日常会話からビジネス英語、TOEICまで幅広く指導中。日本人の得手不得手をしっかりふまえた英語学習法で世代を問わず支持されている（著書の累計部数は400万部を超える）。

日経・朝日・毎日新聞・Japan Times等での連載や、オンライン英語学校ワールドフレンズ主宰。英語とコミュニケーション能力が身につく企業研修、英語教材やコンテンツの制作等を手がける。

著書は『ネイティブ流シンプル英語　日常・旅先・メール・SNS英語　ネイティブが使うのはたった15動詞！』（秀和システム）、『10年ぶりの英語なのに話せた！ あてはめて使うだけ 英語の超万能フレーズ78』（アスコム）、『58パターンで1200フレーズ ペラペラ英会話』（主婦の友社）など多数。

AtoZ English 英会話スクール：
https://www.smartenglish.co.jp/

ネイティブ流シンプル英語

日常・旅先・メール・SNS

英語　ネイティブが使うのは

たった9助動詞！

発行日	2023年12月25日	第1版第1刷

著　者　デイビッド・セイン

発行者　斉藤　和邦

発行所　株式会社　秀和システム

　　　　〒135-0016

　　　　東京都江東区東陽2-4-2　新宮ビル2F

　　　　Tel 03-6264-3105（販売）Fax 03-6264-3094

印刷所　日経印刷株式会社　　　　　　Printed in Japan

ISBN978-4-7980-7170-1 C0082